換個語氣這樣做

教出高韌性

堅強孩子的親子管教萬用句

一般社團法人
日本正向教育協會 代表理事
足立啟美 著　劉姍珊 譯

前言

正因為未來無法預測，「戰勝逆境的能力」才會成為武器

「希望孩子能培養出可以柔軟靈活的克服人生困難、並且幸福生活的堅強內心」，現在有愈來愈多父母抱持著這種想法。

之所以會有這樣的想法，背後的原因之一是「沒有一個時代的變化像現在一樣，劇烈到難以預測的地步」。自然災害、病毒及氣候變遷等，因為不確定整個世界的未來會如何發展而感到不安；在日常生活中，也對日益複雜的人際關係，以及因應技術快速發展、必須不斷學習而產生不安。究竟要讓孩子學習什麼？應該要讓他們朝著哪一條路前進？許多父母都正在焦慮的尋找答案。

我自己也是生養孩子的母親，所以會有許多不安的想法和陷入苦思的事。可以的話，我希望能為孩子打造出一個身旁的人都很和善、不會出現衝突的環境，以及準備一條輕鬆就能走到終點的道路。然而，無論怎麼思考，都很難準備好如此風平

浪靜的人生，因為真正的人生充斥著討厭、痛苦和失敗的事情。

要讓孩子幸福的度過人生的祕訣，就在於培養出克服這些困難、並將痛苦轉變為愉快經驗的能力，而不是禁止他們經歷這些事情。此外，這也是一種屬於孩子自己、應該在孩子內心培養出的能力，不是大人可以給予的。

這就是為什麼我們應該抱持著這樣的想法：『無論在什麼樣的時代、什麼樣的環境之下，能夠克服一切困難、堅強活下去的力量，才是孩子唯一可以依賴的武器』。

這種不屈服於逆境和困難的力量，稱為「心理彈性（resilience）」。心理彈性在英語中的意思是恢復力、復原力。一般人聽到「不屈服逆境」，浮現在腦海中的可能是不受任何事情動搖、既堅強又強大的內心。但心理彈性其實是指柔軟的內心，是一種即便遇到挫折或失敗，也能從原地重新站起來的能力。

本書將告訴父母，如何透過每天與孩子的「談話」來培養出心理彈性。

每個人都擁有「不屈服逆境的能力」

我的專業是「心理彈性教育」，這種教育是以心理學為基礎，培養出克服逆境的能力，主要研究如何讓孩子在不屈服困難的情況下，發揮出自身的優勢和才能，並將從中獲得的知識傳達給父母和孩子。

「內心堅不堅強……難道不是取決於個性嗎？」

「事到如今，應該無法改變與生俱來的氣質了吧？」

各位或許會這麼想，但是包括我擔任代表的一般社團法人日本正向教育協會的顧問，以及在歐洲引領正向心理學的伊洛娜・博尼韋爾（Ilona Boniwell）博士在內，許多研究者都表示「心理彈性是可以培養的」。事實上，博尼韋爾博士利用其提出的理論和建立體系的方法，在英國、法國、荷蘭、日本和新加坡等各國的教育第一線與商業界實踐心理彈性訓練，並取得顯著的成果。

在心理學界，心理彈性的概念誕生於西元一九六〇至一九七〇年代。產生的契機在於，即使家庭中有各種帶來壓力的因素，例如父母是精神病患等，還是有一部分的孩子能夠良好的發展，並適應社會。

因此，人們開始使用「心理彈性」一詞，代表孩子所擁有的適應能力和恢復力。接著，在西元一九八〇到一九九〇年代，不斷研究培育心理彈性的相關因素，並從西元二〇〇〇年代開始，許多研究開始針對個人的心理彈性因素深入探討。

根據這些長期以來的研究，心理彈性主要可分成以下三大方面：

1、心理彈性是每個人都擁有的能力。
2、心理彈性的構成因素各有不同，也有與生俱來的個人差異。
3、心理彈性是一種可藉由經驗、知識和技能進行學習的能力。

每天的「談話」會影響孩子觀看世界的角度

一般人普遍覺得只有專業運動員或名人，才擁有心理彈性，但這其實是每個人都具備的能力。

本書將介紹，如何透過每天在家就能做到的事——「談話」來培養每個人都擁有的心理彈性，以及如何養育出擁有高心理彈性的孩子。

此外，本書的另一個目的是提高親子間的溝通品質，幫助孩子在遇到困難時能夠發揮心理彈性的能力。

適當的交談之所以有助於提升親子間的溝通品質，以及培養孩子的心理彈性，是因為父母或身邊的大人與孩子之間的談話，有時會成為孩子對世界的看法和思考社會的一部分。

過去我曾在某間學校任職，並於幾年後再次遇到在那裡教導過的學生。當時，這位學生對我表示：「您曾經在我很痛苦時對我說：『每件事情都會一天一天的好轉，只要努力的過著每一天，事情就一定會朝著好的方向發展，所以完全不需要擔心。』這句話一直留在我的心裡並支持著我。」在覺得開心的同時，我也感到十分震驚，因為這麼多年來，這個孩子一直受到這句話的影響。

同樣的，各位讀者每天對孩子說的話，也可能成為孩子在今後的人生中反覆想起的話語。

當這些話浮現在腦海中時，出現的是從逆境和困難中重新振作的話語，還是讓人洩氣的話語，將對孩子的生存難易度產生非常大的影響。

我們每一個人都擁有心理彈性（不屈服逆境和困境、重新振作的能力），不過幫助我們重新站起來的主要因素因人而異。無論是天生的毅力，還是有值得信賴和商量的對象，幫助孩子振作的各種能力，以「種子」的型態沉睡在孩子的心中。每個人所擁有的心理彈性種子都不同，為了在日常生活中發現孩子所擁有的心理彈性種子，就必須要進行適當的溝通。

同時，我們也會介紹如何藉由施予「談話」這個肥料，使孩子的心理彈性種子不斷的茁壯成長。除此之外，與能讓人產生安心感、希望和冷靜大人之間的關係，也將成為肥沃的土壤，幫助培養出強而有力的種子。

像這樣培養屬於孩子的心理彈性種子，就能成為即使遇到困難，也能自己振作起來、並重新站起來的能力。而且，這個站起來的過程，也將成為豐富孩子人生的珍貴財產，並在未來支持、幫助孩子越過重重難關。

能和各位一起實踐培養心理彈性的育兒法，我感到非常的榮幸。作為前行的夥伴，讓我們從可以做到的部分開始，一步步的向前邁進吧！

目錄

第1章

為了進行有效的談話，父母必須要知道的7大重點

重點3 告訴孩子「情感可以自己選擇」……81

第2章

實踐！利用交談的方式培養出克服困難的孩子

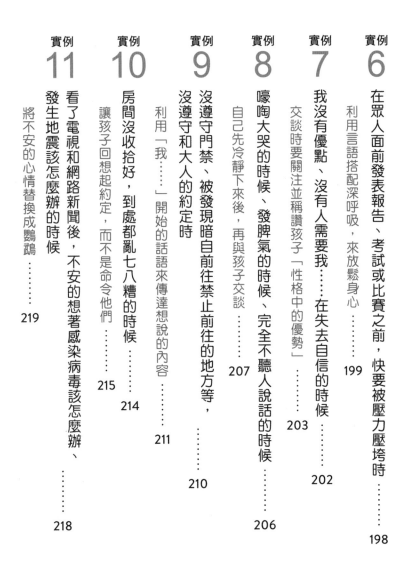

序

無論是「抗壓性較低」、「沒有自信」還是「馬上就放棄」的孩子都沒有問題！

內心看起來愈是脆弱的孩子，愈能透過父母的談話方式來逐漸改變。

「我家孩子的內心好像很脆弱……」各位是否抱有這樣的不安呢？

不怎麼表達自己的意見、很快就會放棄……

看到孩子這個樣子，

身為父母當然會覺得焦急和不安。

但是，受傷、沮喪以及失敗認錯，也是寶貴的經驗。

重點在於，是否可以發揮出重新振作的能力。

「內心脆弱」是孩子特質的另一面

看到孩子做出「讓人感覺他的內心有點脆弱」的事情時，身為父母可能會感到焦急和不安，甚至還會擔憂照這樣下去，孩子真的可以克服人生的困難嗎？

然而，乍看之下讓人覺得內心脆弱的孩子，其實擁有只屬於他自己的優秀特質。舉例來說，假設孩子具有非常細心、認真和溫柔等優秀的特質，當他們因為一點小事而苦惱時，其實就是在展現這些特質。換句話說，內心脆弱並不一定是一件負面的事。

有許多人認為，要面對逆境和困難，就必須擁有不畏懼任何事情的「堅強內心」或「不輕易屈服的內心」。其實，內心的堅強分為兩種，一種是之前提過的：面對壓力毫不動搖的頑強；另一個則是：就算受傷，也能重新站起來的心態。

有時，孩子會因為壓力而感到受傷或沮喪，但從中重新振作的能力，也算是一種堅強的內心。我認為這種「柔軟的強韌」，對現在的孩子來說非常重要。在瞬息萬變的時代，會發生許多意想不到的事情。在這樣的時代裡，比起不管發生什麼事都毫不畏懼的頑強，培養出「柔軟的強韌」更為重要，如此一來，就算因為痛苦的經驗而陷入低谷，也能整理好心情，重新振作。

即使現在看似內心脆弱，也完全沒有問題，不如說，應該要將其視為一種資質，有助於孩子在將來成為大人時擁有柔軟的強韌，同時也能具備了解他人痛苦的細膩、溫柔的內心。

培養內心就跟鍛鍊肌肉一樣，為了幫助孩子在日常中順利克服困難，應該要讓孩子在父母和大人的幫助下，一點一滴、持續不斷的練習，這樣就能夠逐漸培養出柔軟的堅韌。

世界給孩子的壓力正大幅增加

社群網站、網路、霸凌、考試、學習和家庭等方面的人際關係……

現在的孩子承受著前所未有的各種壓力，

導致全世界有愈來愈多的孩子陷入憂鬱和選擇自殺。

在這樣充滿壓力的社會中，保護孩子的不是學歷，

也不是經濟能力，而是柔軟的強韌。

這是為了生存的必要能力，有助於戰勝困難和變化。

保護孩子免受一切的困難

與一個世紀前相比，現在的孩子每天都會經歷劇烈的變化和多種壓力，也就是說，這些孩子「生活在更加複雜的情感中」。

除了自然災害、COVID-19引起的疫情等社會上的重大事件外，孩子還得面臨許多壓力，例如網路中龐雜的資訊和社群網站上的糾紛、升學和人際關係、健康狀態的變化和日常生活中令人焦躁的事情等。

事實上，根據日本文部科學省的調查，校園中不願意上學和霸凌的情況正逐年增加。國中生發生霸凌和不願意上學的案例愈來愈多、青少年寧願家裡蹲也不想出門的情形亦普遍增加，這些都會對他們將來成年後的社會適應力造成影響。甚至在此刻，也有不少人正從不願意上學演變為繭居族。

此外，包含日本在內，已開發國家都面臨著憂鬱症年輕化這個嚴峻的問題。也有報告指出，孩童時期的憂鬱症狀，會以攻擊他人的方式表現出來，而且憂鬱症的症狀中帶有「尋死（自殺）念頭」，所以與自殺有著密切的關係。光是從現今社會的問題來看，就能反映出這是孩子很難生存的環境。

「不希望孩子遇到霸凌」、「希望孩子願意去上學」、「希望孩子可以健康的成長，不要出現心理上的疾病……」這些都是身為父母會有的強烈願望。不過，孩子既然生活在充斥著多種壓力的環境中，就不可能完全避免遇到困難和挫折。

正因為如此，對於現在的孩子來說，不只學習能力，同時也必須培養戰勝困難和變化的「生存能力」。

只要在值得信賴的大人支持和接受下，生存能力中最具代表性的心理彈性就一定會有所成長。

廣傳於全世界的「保護孩子內心的教育」

孩子們面臨著大人們小時候從未經歷過的壓力，
因此，現在全世界都開始努力保護他們的心靈。
除了學習能力外，
歐洲和亞洲有愈來愈多國家採用心理彈性教育，
當作「柔韌的堅強所必需的技能」。

世界各國名校都開始進行「保護孩子內心的教育」

如先前所述，現在的孩子面臨著前所未有的壓力，他們的內心正處於危險之中。

在英國，五到十六歲的孩子中，每六個人就有一人患有精神疾病（根據西元二〇二〇年的調查）。此外有報告顯示，十四歲的女孩中，每四人就有一人有自殘的經驗。因應這個情形，英國政府投入鉅額的預算，以培養孩子們的心理健康。

新加坡也有報告指出，十八歲以下的孩子中，有百分之十八的人曾罹患精神疾病（根據西元二〇一八年的調查），據說這種情況正逐年惡化。

對此，現在世界各國都開始努力保護孩子的內心，而且因為是「迫切的需求」，進展的速度每年都在加快。

心理彈性的概念是保護孩子內心的重要對策之一。

美國、澳大利亞、英國、新加坡、印度和中國等多個國家，都在進行培育心理彈性的實踐教育和研究。我在西元二〇一四年拜訪的新加坡名校，便為了提高孩子的心理健康，全校統一實施心理彈性教育。

我也以孩童時期到青少年時期的孩子為對象，進行日本心理彈性教育計畫的實踐研究。就連我擔任代表的日本正向教育協會，也在一般學校、教學支援中心和學童的課後時間等實踐心理彈性教育計畫，並與有著各種不同特質和情況的孩子一起努力培養出他們的心理彈性。

最後，孩子們身上出現了各種正面的變化。詳細的內容，我會在接下來一一和各位分享。

父母的談話會成為守護孩子內心的「疫苗」

父母對孩子所說的話語，
會成為守護孩子內心的疫苗。
在面對困難和逆境時，
孩子是否已經接種了來自父母、名為「談話」的預防針？
這將會大幅影響孩子內心前往的方向。

談話能夠長久保護孩子，避免苦於壓力和憂鬱

各國教育的第一線，正嘗試藉由培養心理彈性來預防憂鬱症等精神疾病。目前已經證實，培養孩子的心理彈性，可以提高對困難和逆境的抗壓力，具有如同預防接種般的效果。

前美國心理學會會長兼正向心理學創始人之一的馬丁·賽里格曼（Martin E. P. Seligman）博士，為預防孩子罹患憂鬱症制定了一項教育計畫，用來幫助孩子捕捉事物美好的一面，以及學習與他人互動的方法。這個教育計畫被稱為「內心的疫苗」。正如其名，據報告顯示，計畫結束後，效果仍持續了很長一段時間。也就是說，培養心理彈性就好比是為內心注射疫苗。

賽里格曼博士同時也是心理學博士，致力於研究無助感的產生原因、治療和預防。他針對「當反覆出現自己無法控制的事情時，人就會什麼都不

做，直接放棄」的現象進行研究。

從這個研究中得知，「問題不在於無法控制的事物，而是在於反覆經歷自己無論怎麼做都無法成功的經驗，導致不再為了解決問題而採取行動」，這就是「習得性無助（Learned helplessness）」的概念。

習得性無助與憂鬱症相似，因此賽里格曼博士想藉由找到減少無助感的方法，來幫助治療憂鬱症。從那時起，以預防精神疾病為目的，開啟了針對孩子們的教育計畫；之後，各種心理彈性教育開始在全世界實施。

這些計畫大部分是在學校進行，但本書將會具體介紹如何在家裡利用「談話」來培養孩子的心理彈性。畢竟來自距離孩子最近的父母和養育者所說的話，會成為孩子最重要的「內心預防針」。

利用強化內心的「父母交談法」，孩子會有這樣的變化！

要培養保護孩子內心的心理彈性，
關鍵在於父母每天與孩子的「談話」。
提高心理彈性後，不僅能強化內心，
還能喚醒幸福生活所需的各種能力。

「談話」不僅可以強化內心還能使各種能力開花結果

心理彈性是在個人的心理能力（個人內部因素）及給予支持的人和環境（環境因素）的相互影響下，逐漸成長茁壯。

所謂的「個人內部因素」是指與社會有關的能力、樂觀傾向、自我效能（相信自己能夠順利完成）、自我肯定感（能夠肯定自己）與共鳴傾向等，是在孩子自身內部培養出來的一種心理能力。另一方面，「環境因素」是指家庭環境、親子關係、家庭紀律，以及來自家庭外的情感支持等外在可見的因素。重點在於，必須要同時培養內、外兩方面的因素。

我擔任代表的協會所提供的「心理彈性教育課程」，是將伊洛娜・博尼韋爾博士開發並驗證的「SPARK Resilience Program（觸發心理彈性課程）」，改編成適合日本人的內容。目前已在日本數個教育場所實施心理彈性教育課程，結果證實，這項課程確實能帶來效果。根據本協會實際進行心理彈性教育的經驗，具體來說，可以培養出下列的能力。

①開始可以理解自己的心情
②很快就能重新振作
③想法變得比較靈活、柔軟
④溝通能力提高
⑤能夠輕鬆應對新的環境和新的人際關係
⑥漸漸可以控制自己的情緒
⑦願意嘗試及挑戰新的事物
⑧重視自己的價值觀
⑨能夠建立良好的人際關係

本書的談話法，是我經過深思熟慮後決定的內容，有助於提高親子間的溝通品質、幫助孩子自己培養心理彈性的個人內部因素，以及同時使右邊列出的各種能力開花結果。

高敏感兒的心理彈性也會大幅提高！

「比他人更加敏感」其實是一大武器。

換句話說，「對細微的用詞也會敏感的做出反應」這一點，

從另一方面來看，就表示——

會敏感的接收「好的談話」並受到很大的影響。

事實上，在心理彈性教育的現場，

敏感、纖細的氣質會對培養心理彈性產生良好的影響。

嚇到

敏感兒的心理彈性也會在「良好的談話」和「良好的環境」中成長

前面已經提過，乍看之下會讓人覺得是弱點的脆弱內心，其實是孩子特質的另一面。因為，本協會理事（岐部智惠子與鈴木水季等人）的研究顯示，「容易受傷」的纖細氣質，會對培養心理彈性產生良好的影響。

在實施將本書的談話法作為基礎，並以高中生為對象的「心理彈性教育課程」後，結果顯示，比一般人還要敏感的學生（高敏感兒童，Highly Sensitive Child，HSC）在接受心理彈性教育後，憂鬱傾向明顯減少，同時自尊心也大幅提高。由此可知，高敏感兒童的敏感，會對心理彈性教育的學習和自我反省產生正面的作用。

高敏感兒童對於細微的變化、聲音及他人的情緒也相當敏感，由於感受能力強，導致很容易就會受傷，並不斷的承受著各種壓力。他們甚至會敏感的感受到他人不在意的事情，因此在日常生活中，隨時都會感到身心疲憊，有時還可能覺得活著很困難。

但是反過來說，這些高敏感兒童的特性是，來自周圍大人的想法和環境會對他們產生很大的影響。

因此，當大人對他們產生同理心，提供良好的談話，以及創造出讓他們能夠發揮自身特質的環境，並給予相應的鼓勵時；他們會接收到這些強烈的影響，並且充分吸收進自己的內心，將其作為跳板，朝著良好的方向迅速成長。

前面之所以會說「不用擔心孩子的內心是不是太脆弱」，就是基於這樣的原因。換句話說，擁有敏感特質的孩子，反而更會受到周遭良好事物的影響，進而培養並發揮出他們的生存能力。

「強健的內心」是學習的基礎，是通往在社會上取得成功的橋梁

目前陸續有研究報告指出，

接受心理彈性教育的孩子不僅學習能力會提高，

在出社會後也能發揮出自身的能力。

他們還擁有不斷學習的能力，即使面對困難的問題也不會輕言放棄。

此外，也有與各種人打交道及遇到失敗也能重新振作的能力。

無論面對學習還是工作，是否擁有強健的內心會得到完全不同的結果。

利用「強化內心的談話法」不僅可以提高成績，在社會上也能取得成功！

現在有許多人將注意力放在以心理彈性為首的「非認知能力」。與能夠用成績衡量的學習能力等認知能力不同，所謂的非認知能力是指不能以肉眼觀察到的心理能力。由世界三十七個國家組成的OECD（經濟合作暨發展組織）稱之為「社會情緒」。

我所採取的「正向教育」也是為了用來發展非認知能力。透過讓孩子掌握心理的能力，努力培養出孩子可以幸福、堅強生活的能力。具體來說，除了正向心理學主要框架的「心理彈性」外，同時也培養孩子本身擁有的「優勢」、良好的人際交往能力及幹勁等與「幸福感」有關的能力。

為什麼非認知能力如此重要呢？

其中一個原因是，非認知能力也會成為學習能力的基礎。非認知能力也被稱為朝著學習前進的能力，藉由培養好奇心、協調能力、自我控制力、自我主張能力與盡自己所能等有關的能力，對學業也會帶來良好的影響。讓孩子自願學習的「主動學習法」在日本已經實施多年，但要從應試教育轉型，就必須要有自我探索並尋找出答案的能力。

事實上，美國的研究報告指出，進行心理教育可以增加孩子的學習欲望並提高學習成績。一般認為，之所以會得到這樣的結果，是因為這些孩子在面對困難的課題或不懂的問題，也會抱持著不輕言放棄的心態。

另外，也有研究報告顯示，心理彈性和幸福度高的孩子往往身體健康、具有高度抗壓力，而且比較有社會責任。

我在前面提過，父母的話語會成為長期保護孩子內心的疫苗。也就是說，父母的話語在孩子的一生中會不斷產生良好的影響，例如照亮他們的人生，並在陷入逆境時成為激勵他們的動力等。

序章總結

不只是預防，「培育」的視角也很重要

根據英國經濟學家理查·萊亞德（Richard Layard）等人的研究可得知，相較於童年時期的成績和生活態度，成年後的生活滿意度對「心理健康」的影響更大。

如果說人生的成功取決於經濟能力，那就必須在幼兒期培養學習能力。然而，若是將幸福生活當做人生的目標，目前已經證實，培育孩子的情感面才更有意義。這就是為什麼「金錢買不到幸福」這句話，會得到大眾的認同。

於是，最後得出的結論是，培養心理健康的關鍵是「在家庭和學校進行經科學證實的心理健康護理方案」。

也就是說，身為父母的我們往往會在無意中要求孩子取得好成績，或是希望孩子從事高薪的工作。但研究結果顯示，從長遠的角度來看，僅憑這些可能不足以讓孩子的人生獲得幸福。

預防風險，是指透過進行心理彈性教育來預防憂鬱症等精神疾病，降低過勞等風險。「培育良好的因素」則是指培養孩子的幹勁、優勢及建立更好的人際關係。

預防和培育這兩者會相互影響，並逐漸培養出堅強生存的能力。而在家實踐的方法就是「父母與孩子之間的交談」。

第 1 章

為了進行有效的談話，父母必須要知道的7大重點

重點 1

不要否定，要接受負面情緒

只要是父母，都會希望孩子無時無刻能夠保持開朗、幸福的心情。因此，當有一天孩子的態度或言語中出現悲傷、憤怒的情緒時，父母經常下意識脫口而出一些否定的話，或是想辦法讓孩子轉移注意力，有時甚至可能會出言責備孩子。

然而，事實上，孩子在面對困難和逆境、內心產生負面的情緒時，正是培養堅強、靈活心理的重要轉折點。**在不否定孩子負面情緒的情況下，父母接受、回應的方式，會對孩子以後的心理彈性造成很大的影響。**

在本小節中，我將告訴各位如何接受這些負面情緒，以及如何與孩子交談，以幫助孩子培養出強大的內心。

我們每天都會感受到各種情緒，感受的方式會隨著成長出現變化。例如，嬰兒時期從單純感受到「愉快」或「不愉快」開始，而在成長的過程中，會逐漸感受到更為複雜的情緒，像是「開心」、「憤怒」、「悲傷」及「恐懼」等。

但父母很容易錯過孩子的「情緒發展」。相較於「會走路了」、「會寫自己的名字了」等輕易就能看到的成長，從肉眼來看，心理的成長並不會有明顯的變化，因此父母通常不會注意到這個方面。而且，當孩子因為嫉妒對兄弟姊妹惡作劇時，父母可能不會喜歡孩子有這樣的情緒與感受。

由此可知，在孩子的情緒發展中，父母的支持極為重要，但父母卻經常忽略這點。若要過著堅強、幸福的人生，除了外在可以看到的成長，也必須培育肉眼看不見的內心。

重點 1

負面情緒是為了守護重要事物的心理作用

培養孩子心靈的基本，是引導孩子「與自己的情緒和平共處」，也可以說是培養情緒智能。情緒智能，是指了解、理解自己和他人的情緒並進行妥善處理的能力。目前已經得知，這種能力有助於使人做出更好的選擇和行動、建立良好的人際關係，以及會對學業產生良好的影響。因此，父母自己成為孩子的教練，與孩子討論自身與他人的情感，有助於發展孩子與情緒和睦相處的能力。

各位看到這裡，或許會有些茫然：「就算這麼說……但具體應該要怎麼做才好？」首先，讓我們進一步深入理解「情緒」。

在心理學上，我們每天感受到的各種情緒可以分為兩類，分別是「正向情緒」和「負面情緒」。正向情緒是會讓人感到舒適、愉悅的情緒，例如快樂、開心等；相反的，悲傷、焦慮及煩躁等會讓人感到不舒服的情緒，則是負面情緒。

這只是用愉快和不愉快進行分類，並不是表示情緒有好壞之分。每一種類型的情緒都有其意義，對日常生活都很重要，而且每個人都會擁有這些情緒。

大部分的人想盡辦法避免，並且想要離得愈遠愈好的負面情緒，具有什麼樣的意義呢？舉例來說，當各位晚上走在路上聽到身後沙沙作響時，是不是會「害怕」到心臟不自覺跳得飛快，身體狂冒冷汗，只能將注意力放在那個聲音上，並且為了保護自己的性命，做出逃跑的姿態呢？換句話說，因為感受到恐懼，我們才會試圖從危險的情況中逃脫。

其他負面情緒也有著相同的意義，「憤怒」是自己珍貴的物品受到侵犯的訊號，促使我們採取保護行動；「悲傷」是在告訴我們失去的事物有多重要；而「低落」則是必須讓身體休息、保護身心的訊號。

重點 1

也就是說，**負面情緒在進化論上是人類為了保護自己的性命，作為生存本能而存在的一種情緒。**由於這個重要的作用，一般人更容易感受到負面情緒，負面的經歷也更容易留在腦海中。這個現象稱為「負面偏誤（negativity bias）」。這就是我們總會更在意孩子做不好的部分，以及只要發生不好的事，就會一直在腦海中徘徊、揮之不去的原因。

大人在孩子表現出負面情緒時，有時會試圖將負面情緒轉變成正向情緒，或是嘗試讓孩子開心起來。不過，能夠感受負面情緒，與發展偶爾帶著負面情緒行動的能力，是培養堅強內心不可或缺的要素。

在孩子表現出負面情緒時，不要勉強改變他們的情緒或對其評判，請先仔細傾聽，認同、接受他們的情緒，並給予感受情緒的時間。如此一來，就可以幫助孩子在未來從負面情緒中振作起來，努力的去解決問題。

幫孩子將負面情緒言語化

接受孩子的負面情緒後，父母應該如何支持並幫助孩子的內心呢？答案是「把孩子的感受化為文字」。

當孩子從父母那裡聽到表達出自身心情的話語時，便會稍微脫離那件事、減輕事件本身帶來的壓力，心裡也會覺得好受許多。此外，當孩子感覺到「父母真的理解並接受自己的感受」時，也有助於恢復他們受傷的內心。

在反覆經歷這樣的過程後，父母與孩子之間的羈絆會更加強烈，並逐漸建立起良好的親子關係。目前已得知，大人感到不安、煩躁時，在不刻意壓抑情緒的情況下，即使只是在腦中將情緒言語化，也能讓心情平靜下來。

接下來，讓我們用實際發生的事情，簡單易懂的說明要如何「接受

重點 1

負面情緒，並將之言語化」。

小葵是一位九歲的小女孩，因為學校重新分班後，沒能跟最好的朋友分在同一班，而感到失落。放學回家後，她無精打采的對媽媽說：「我跟最好的朋友沒有分在同一班……」媽媽聽到後回答：「這樣啊！很快就能交到其他朋友了啦！不要擔心，就算不同班，下課時還是可以一起玩呀！」儘管都這麼說了，小葵還是淚眼汪汪，於是媽媽接著說：「這麼愛哭的話，到新的班級是交不到朋友的喔！」

媽媽可能是為了提醒小葵還有其他的朋友，並鼓勵她打起精神，才會這麼說。這些事情對於讓孩子向前邁進固然很重要，但在這之前，媽媽卻忘了最重要的事情。

那就是關心、接受孩子的情緒，以及「在談話中用言語表達出孩子的負面情緒」。因為這些話是緩解孩子的情緒，幫助他們克服困難的必要條件。

例如，媽媽可以帶著遺憾的表情對小葵說：「這樣好寂寞喔……畢竟是最好的朋友……」、「沒能分在同一班，妳覺得很失落，對吧？」、「因為沒分在同一班，覺得很寂寞無助吧？」如此一來，小葵就能感受到媽媽願意理解自身情緒的心情。此外，如果更進一步將即將面臨的事情組織成言語，像是「我知道妳對於未知的變化感到恐懼和害怕」，還可以幫助孩子整理好自己的心情，進而減輕孩子對這件事感受到的壓力，並能用正向的角度來看待這件事。

與其鼓勵孩子馬上向前邁進，不如先接受他們現在感受到的心情，幫他們用言語表達出來，這才是讓孩子重新振作的捷徑。也就是說，認同孩子內心的痛苦，並利用「共鳴的話語」來注入生命，有助於減輕他們心裡的痛苦。

用言語將感受到的心情表現出來的方法，稱為「情緒標籤」。美國加利福尼亞大學教授馬修・利伯曼（Matthew Lieberman）等人的研究指出「將自己的情緒言語化，可以有效緩解對不愉快的事情所產生的負面情緒和壓力」。

憤怒情緒爆發、又哭又鬧等問題行為，可能是因為沒有好好的進行情緒標籤。如果可以將自己的情緒化為言語，就能順利的控制情緒。

此外，大人在各種場合中使用表達情緒的言語，有助於培養孩子察覺自身情緒的能力，例如「媽媽因為找不到想要的東西，覺得很煩躁」、「爸爸因為喜歡的棒球隊輸了，覺得很不甘心」等，建議在日常生活中增加使用表達情緒的話語，了解自己在什麼情況下會有什麼樣的情緒，才能有助於了解自己。

這時必須注意的是，不要使用「心情好」或「心情很糟」等表示好、壞的措辭。在向孩子傳達「擁有各種情緒是件好事」時，這種措辭可能會讓孩子感到混亂，導致他們認為「負面情緒不好」、「有不好情緒的自己是壞孩子」。因此，在平時的談話中表達情緒時，請不要使用有好、壞之分的詞彙。

當孩子開始察覺到自己的情緒後，也就能注意到他人的情感，進而可以推測他人的心情，例如「哥哥今天一直低著頭，都不說話，是不是心情不好……」當我們理解他人心情的能力提高，選擇的用詞和採取的行動也會發生變化，這無疑將會對我們在社會中的溝通產生影響。

事先準備好許多表示心情的詞彙

孩子每天感受到的情緒，比大人想像得還要多。在我女兒四歲的時候，發生了一件讓我切身體會到這一點的事情。

某天，本來和女兒約好要來家裡玩的朋友，因為家裡突然有事，只好取消約定。我跟女兒說：「沒辦法和朋友玩，妳應該很難過吧？」她一臉困惑的樣子，於是我想了一下，試著問她：「覺得很失望嗎？」結果她回答：「嗯！」並大力的點了點頭，表現出同意的樣子。當時覺得女兒還小，我通常是用容易理解的「難過」與女兒交流，但不知道從何時起，女兒已經理解「失望」的意思和語感，對此我感到相當訝異。

孩子對於能準確表達出自身情緒的詞彙會有很強烈的反應。因此，將孩子的情緒言語化，進行「情緒標籤」時，大人最好盡可能依照實際情況，表達出孩子的心情，而且也必須要讓孩子知道，自己所感受到的情感是屬於自己的，即使是父母，也不會抱著完全一模一樣的心情。

因此，就如同我和女兒的例子一樣，詢問孩子「是不是這種感覺」，或是拿出左邊的圖表邊看邊詢問，也是很好的方式。重點在於，要盡可能多準備可以用來表達孩子心情的詞彙，而且要接受孩子的心情，不要太過帶入自己的情緒，而是要成為映照出孩子情緒的鏡子。

表現負面情緒 & 正向情緒的詞彙

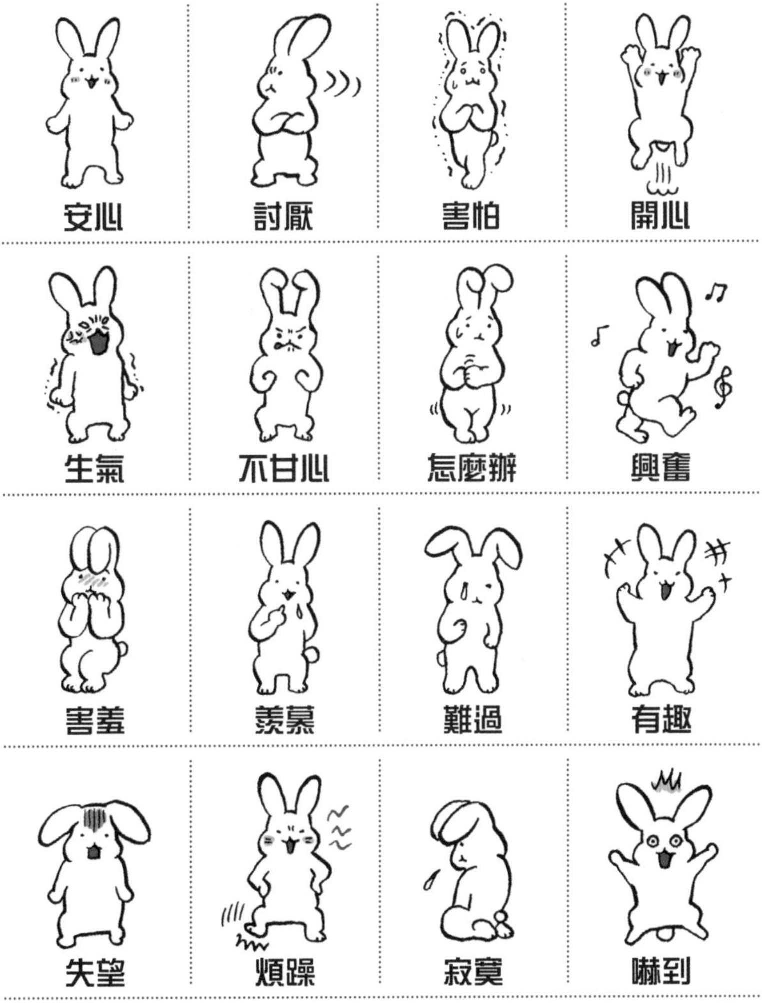
安心
討厭
害怕
開心
生氣
不甘心
怎麼辦
興奮
害羞
羨慕
難過
有趣
失望
煩躁
寂寞
嚇到

重點1

心情會表現在身體上

孩子會用身體的感覺來捕捉情感，例如「胸口像是塞住一樣，覺得很悶」。這是因為他們正在練習將身體感覺捕捉到的情緒，轉化成言語。就好比嬰兒會用哭泣或揮動手腳，來向周圍的人傳達不適感一樣，大人可藉由觀察這些非語言的表達方式，來推測孩子內心的想法。

在芬蘭阿爾托大學博士勞里・努曼瑪（Lauri Nummenmaa）等人關於「身體情緒地圖」的研究中顯示，情緒和身體的反應有著密切的關係。在調查身體處於什麼樣的情感下、會產生什麼樣的反應時發現，當感受到憤怒時，除了胸部以上的部分外，雙手也會出現強烈的反應；此外，在感到悲傷時，胸部會出現劇烈的反應，相對的，身體其他部位則會呈現出沒有力氣的狀態。**根據這個研究可得知，情緒的變化會明顯的表現在身體和表情上。**

有時候孩子嘴上說「沒什麼」，身體卻表現出沮喪、難過的樣子。在孩子無法用言語表達出心情的時候，盡量用言語和他們談論身體的變化，對他們會很有幫助。因此，為了讓孩子察覺身心的變化，請開口協助他們，例如「有沒有哪裡覺得不舒服」、「你覺得緊張嗎」、「是不是累了呢」或是「是不是覺得很煩悶」等。

孩子不是每次都能順利將心情言語化，因為他們經常不知道要怎麼簡單表達出真正想說的話。

以下述故事為例，小學一年級生小耕愈來愈常聽到大人對他說：「因為你是哥哥，所以……」某天他向爸爸抱怨：「為什麼只和弟弟玩？」聽到小耕這麼說的爸爸回答：「不是只跟弟弟玩呀！之前不是和小耕兩個人一起去公園了嗎？」但是小耕卻說：「我最討厭爸爸了！」並將自己關在房間裡。

小耕其實並不是想知道原因，而是希望爸爸理解他真正的感受，所

重點 1

以他才會以憤怒的情緒，向爸爸發洩他的寂寞和嫉妒。**憤怒的背後，往往隱藏著難過和不安等其他的情緒，要察覺到這些情緒並不容易。**但像爸爸這種沒有理解孩子情緒的說話方式，可能會讓彼此的內心逐漸疏遠。

值得慶幸的是，爸爸馬上修正自己的想法：『還是，小耕是希望我理解他寂寞的心情……』並盡可能用言語傳達出小耕的感受：「因為爸爸一直跟弟弟玩，所以小耕覺得爸爸沒有時間跟你一起玩是嗎？」、「是不是覺得自從弟弟出生後，爸爸就好像被搶走一樣，完全不在乎小耕了，所以感覺很寂寞呢？」多虧如此，一段時間後，小耕重新振作精神，願意再次和弟弟、爸爸一起玩。

最重要的是，大人不僅要理解孩子所說的話，還要找出孩子是基於什麼樣的心情才會說出這些話，並且將這些心情轉換成言語，與孩子交談。**尤其是孩子的憤怒背後藏有難過、寂寞和受傷的內心，可能會以此為基**

礎，展現出憤怒的情緒，所以必須多加留意。

這個例子的另一個重點是「人的內心都是矛盾的」。請幫孩子表達出「雖然喜歡弟弟，但可能是因為有時會覺得弟弟很討厭，或很羨慕弟弟，才會感到混亂」的心情。最重要的是，要認同孩子混亂的心情。

有兄弟姊妹的孩子，可能會覺得必須和其他人分享父母的關注和愛護，這對他們來說，是一種很複雜的情感。一般來看，從我們小時候開始，父母和老師就經常教導我們「要跟其他人和睦相處」、「要一起友善的玩玩具」等道德上的行為規範。然而，在與他人分享或共享的過程中，有時候會產生兩極化的強烈情緒，導致對人生造成負面的影響。

因此，可以跟孩子解釋，分享某物感受到的討厭心情，其實會伴隨著從分享中獲得的巨大喜悅，如此一來，孩子會更容易接受分享這件事。同時也要告訴孩子，向他人吐露心情，或談論發生在自己身上的事，是一種加深彼此關係的方法。

重點 2

必須知道要如何幫助孩子擺脫負面情緒

負面情緒是保護自己不可或缺的一部分，但如果長時間無法擺脫負面情緒，或是壓力過大，刺激大腦和身體的交感神經就會一直處於活躍的狀態，導致將來可能出現問題行為，或是身心上的問題。

因此，必須要盡快從壓力中解放。

首先，讓我們了解一下負面情緒引起的大腦亢奮狀態。負面情緒的反應（尤其是焦慮和憤怒）與大腦的「杏仁核」功能有關，也有人稱杏仁核為「大腦的守門員」，因為杏仁核會隨時處於戒備的狀態，以便及時應對危險。

杏仁核對負面情緒產生反應後，會對腎上腺發出分泌腎上腺素和皮質醇等壓力賀爾蒙的指示，導致心跳和血壓上升，使身體處於緊張狀態，並且會藉由所謂的「逃跑、攻擊或是不做任何動作」的反應來保護自己。

接下來，讓我們以常見的情境，了解孩子在憤怒的情緒中會有什麼樣的反應，以及要如何才能讓他們冷靜下來。

八歲的佳奈非常喜歡將漂亮的貝殼擺在架子上觀看。有一天，佳奈四歲的弟弟從她的收藏中，拿走一個珍貴的藍色貝殼。佳奈一邊哭喊，一邊追著弟弟跑時，弟弟隨隨便便的將貝殼丟還給她。結果，佳奈一邊對弟弟大喊：「你為什麼要這樣！」一邊試圖毆打弟弟。

雖說兄弟姊妹吵架只是家常便飯，但面對這個情況時，父母絕對不能坐視不管。儘管想要了解兩邊的說法，但首先必須做的，是平息佳奈激烈的情緒。畢竟人在氣憤到失去理智的狀態下，不管誰說什麼，都可

重點2

能聽不進去。

此外，也要告訴佳奈，每一種情感都很重要，但不可以因此做出傷害自己或他人的行為。

為了讓引起壓力反應的大腦冷靜下來，可以先緊緊握住佳奈的手表示：「弟弟拿走重要的東西，佳奈覺得很生氣對吧？把這種氣噗噗的感覺『哈啊』的發洩出來吧！」並和佳奈一起用力的吐氣、深呼吸。像這樣藉由身體接觸並安撫的方式，有助於讓對方的內心平靜下來。

接著，再對佳奈的想法表示認同：「重要的東西被拿走，當然會覺得很生氣呀！」並且和佳奈一起思考，除了毆打之外，還有什麼方法可以將自己的心情傳達給弟弟。**深呼吸有助於平息大腦的亢奮狀態，一開始先集中精神、慢慢的吐氣，如此一來，自然而然就能吸入更多空氣。**

同時也要告訴弟弟，他的哪些行為傷害了姊姊的心。當弟弟發現自己做了不好的事情時，就會主動去道歉，而且弟弟還會因此學會如何建立圓滑的人際關係。

使激動情緒鎮定下來的「數數」

如同上述的例子，在孩子被負面情緒淹沒而感到恐慌時，慢慢的「數數」也可以達到與深呼吸一樣的效果。我們家的方式是，要求大家用西班牙語慢慢的從一數到十，因為數起來沒辦法像中文一樣快，勢必得放慢速度，對讓大腦冷靜來說，相當有幫助。

另外，當孩子的大腦處於攻擊狀態時，身體接觸不一定會有幫助。在有幫助的情況下，可以緊緊抱住孩子，並撫摸他們的背部，這樣就能向孩子的身體傳達「已經安全囉！沒事啦！」的訊息。

重點 2

還是情緒激動時……

「1——、2——、3——……」就像這樣，一邊慢慢的吐氣，一邊從1數到10。

緊緊握住孩子的手，抱抱他們或拍拍他們的背，並一邊表示理解「因為〇〇，所以覺得很生氣對吧？」，一邊引導孩子深呼吸「試著『呼——』的吐氣看看」。如果孩子討厭身體接觸，就在一旁觀察他們的情況。

另一方面，孩子也可能會出現討厭被碰觸的情況。這是一種身體的自然反應，畢竟身體正處於逃跑、攻擊或是不做任何動作的狀態，即使對方是父母，有時也會在刹那間覺得是「敵人」並做出身體被碰觸很危險的判斷。在這樣的情況下，最好的方式，是在孩子身邊觀察他們的同時，採取適合孩子的平息方法。

擺脫負面情緒縈繞在腦海裡的方法

如同前面提到的兄弟姊妹吵架一樣，在負面情緒中，有像是爆發性湧現的「憤怒」，也有因為日常壓力的累積，感到煩躁、煩悶的情況。如果能馬上解決問題，對心理健康來說當然是最好的，但人生總是會有不能馬上解決的事，以及讓人感到無能為力的事，導致我們滿腦子都是這些事，難以擺脫負面情緒和想法。

這種情況稱為「反芻思考」。即使眼前沒有發生不愉快的事，但若一直在腦中想著這些事情，就會陷入不斷給予身心壓力的狀態，以致愈來愈難消除壓力。

有研究報告指出，根據反芻思考的嚴重程度，還可能提高憂鬱的風險和自我批評的傾向。因此，**重點在於，要盡早察覺孩子處於反芻思考的狀態，並幫助他們擺脫這種情況。**

重點 2

雖然不知道發生了什麼事，但總覺得孩子很煩躁時，不要一味追問：「怎麼了？到底發生什麼事？」首先應該要做的，是幫助孩子擺脫負面的反芻思考（這裡稱之為「負面沼澤」）。

接著來介紹幾個擺脫「負面沼澤」的方法。

負面沼澤的擺脫法① 慢慢的深呼吸

深呼吸是幫助擺脫負面情緒的方法之一。其中，將空氣吸入腹部後慢慢的吐氣、然後再次緩慢的將空氣吸入腹部的腹式呼吸，效果最為顯著。如同先前所介紹的，當被情緒淹沒時，深呼吸可以立刻展現出效果。孩子因為跌倒而哭泣時，只要告訴他們：「哭泣只會覺得更痛喔！來，跟我一起深呼吸，吸——」並和他們一起吐氣、吸氣，孩子就會慢慢的冷靜下來。

建議平時在孩子心情愉悅的時候，就要練習如何吸氣、吐氣，這樣一來，就能在緊急時刻順利的進行深呼吸。

我曾經在教授心理彈性的課程時，與學生一起進行過深呼吸練習。實際的做法是伸直背肌，坐在椅子上，配合放鬆的音樂，慢慢的吐氣、吸氣大約五到十分鐘。只要短短的幾分鐘，就足以讓孩子感到「心情平靜下來了」、「覺得精神恢復了」。

如果是年齡較低的孩子，練習製作肥皂泡泡，或是將對摺的紙張吹向桌子的另一側，都是很好的方式。也可以看著天空，一邊說：「一起慢慢的移動雲朵吧！大大的吸一口氣，然後向天空吹氣！」一邊「呼——」的進行呼吸練習。此外還有一個練習方式，首先準備一個娃娃，躺下來後將娃娃放在肚子上，一邊慢慢的呼吸，一邊觀察娃娃隨著肚子的起伏而上上下下移動的樣子。

重點2

負面沼澤的擺脫法② 將心情寫下來

第二個轉換心情的方法是將心情寫下來，因為寫出自己的感受這個動作，本身就具有平靜內心的效果。之前曾經說過，父母要「把孩子的感受化為文字」，來幫助孩子學習感受並表達自己的感覺，但如果是由孩子自己寫出來，他們就能察覺到自己的情緒，並客觀的面對。

若孩子還不到會寫字的年紀，或是沒有心情寫字，也可以準備蠟筆和圖畫紙，讓他們隨意的將想法直接畫出來。

負面沼澤的擺脫法③ 活動身體

當看到孩子一副煩躁的模樣時，和他們一起跑步或跳一些有趣的舞蹈，也能達到平靜情緒的效果。活動身體有助於抑制因賀爾蒙變化所帶來的情緒不穩定，所以就算只是單純的在公園散步，也能夠轉換心情。

負面沼澤的擺脱法④ 聽音樂

也推薦讓孩子聽他們喜歡的音樂，據説音樂具有緩和焦慮和放鬆心情的作用。平時就要先確認好孩子喜歡的音樂，並放入播放清單中，以便隨時播放。

負面沼澤的擺脱法⑤ 做一些會讓人完全投入的事情

做一些能讓人投入到忘掉負面情緒的工作或遊戲，也是很好的方法。曾經有一位十歲的女孩告訴我，用燙珠的方式創作作品，可以幫助她消除不愉快的心情。推薦父母也一起專注的做點什麼。

專心投入某件事到忘我的體驗，稱為「心流體驗」。對一個人來説

重點 2

稍具挑戰性、但可以享受在其中的活動，更容易讓其進入心流狀態。體驗過這樣的狀態後，就會感受到一種自然愉悅的感覺。

無論使用哪個方法，都可以重整一個人的身心狀態，做好重新振作與表達的準備。這些擺脫負面情緒的方法，在科學上都已經證實有效。

在擺脫負面沼澤的過程中，重點在於要事先準備好多種擺脫負面情緒的方法，以因應各種情況，而且平時也要練習使用這些方法。

培養心理彈性的「自我控制力」

無論是誰，都會因為遇到討厭的事而哭泣，或是感到沮喪。其中，也有一些孩子會對一點小挫折反應過度。哭也好、沮喪也好，這些都是好事，但也必須要培養出在某種程度上，會自己轉換心情、重新振作的能力。

在孩子情緒激動時，可以幫助他們深呼吸，讓內心冷靜下來，將注意力轉移到其他事情上，或是引導他們試著先停下腳步，待心情恢復後再行動。父母反覆的提供這些幫助，有助於孩子培養出以自己的想法來調整情感和行動的能力。

一般稱這種能力為「自我控制力」，它可以幫助我們順利的應對生活中感到困難、焦慮及煩躁的事情等，同時培育出專注進行本來應該要做的事、或是為了得到想要的事物而不斷努力的能力。

孩子的自我控制力，會藉由模仿大人而得到大幅的成長，因此大人也必須要培養自己的自我控制力，以作為孩子的良好榜樣。在看到父母即使怒火沖天、想要直接表現出憤怒的情緒時，仍然透過吸氣、吐氣，

重點 2

讓自己冷靜下來應對的樣子後，孩子就能學會如何在內心調整好自己的情緒。

當然，每次都要完美做到這一點並不容易。因此，當自己做得不夠好時，要在孩子的面前老實的反省，並在下次讓孩子看到自己完美活用這個能力的樣子，同時也可以當作一個傳達訊息的機會，用行動告訴孩子「內心的能力是可以培養的」。

不要小題大作或被妄想左右

當孩子陷入負面情緒時，父母最常做的事情是「小題大作」。

當孩子發脾氣鬧事，或是因為孩子的問題行為被老師請去學校時，很多父母會下意識做出各種猜測，例如「難道是因為我最近太不關心孩子了」、「是不是因為我們夫妻在孩子面前吵架，對他造成不好的影響了」等。

但對於孩子的問題行為，這樣的反應是不是太過自責了呢？如果自己的想像過於誇大，可能會誤判真正的原因，甚至因此採取了錯誤的應對方法。

重點是要有可以使我們直接看到眼前發生的事情，和自身想法的視角。「正念」就是能夠幫助我們做到這點的概念。

正念，是美國麻薩諸塞大學的喬・卡巴金（Jon Kabat-Zinn）以佛陀的教誨為基礎研究出來的概念，是一種「將注意力放在當下，而不是對這個瞬間進行善惡的判斷」的狀態。也就是說，不要對發生的事情和情感做出對錯與否的判斷，而是要如實的觀察。

我們經常會不自覺的誇大事實。讓我們捫心自問，當孩子出現問題行為，或是孩子處於困境時，各位是不是會過於自責？是不是會過度想

重點2

像？接著，利用「正念的狀態」，試著重新檢視孩子實際的心情和發生的現實。

為了擺脫負面情緒，就必須要有可以保持距離，客觀看待這些情緒的能力。據說，練習「看到事物本質」，就能培養出客觀掌握自身想法的能力「後設認知」。

此外，像正念這種內心的理想狀態，還有助於我們擺脫負面沼澤。

重點 3

告訴孩子「情感可以自己選擇」

有些人看到半杯水會覺得「只有一半」，有些人則會想到「還有一半」。即使是同一件事，每個人的理解方式也各有不同，有的人會以負面的角度來看待，有的人則會以正向的角度來看待。如果以負面的心態來面對發生的事件和情況，就會產生焦慮或難過的情緒；相反的，若是抱持正向的心態，則會產生喜悅等情感。

身為父母，每個人都希望孩子能用正向的態度來看待一切事物，例如感謝自己擁有的一切，或是能夠關注事物好的一面。之前已經向各位介紹負面情緒的重要性，以及良好應對負面情緒的方法，接下來將更進一步幫助孩子注意到「根據看待事物的方式，情感也會有所變化」、

「看待事物的方式可以由自己決定」，以及「隨之而來的是，達到期望的行動和結果」。為此，以下將告訴各位如何與孩子談論這個部分。

重點3

決定我們情感的是「看待事物的方式」

在童年時期，和朋友吵架可說是一件大事。對孩子來說，朋友是決定今天過得開心還是惴惴不安的最大關鍵。一旦與朋友吵架，或是關係變得不融洽，孩子就會一臉彷彿世界毀滅一般的沮喪。長大成人後，回想起那段時光，可能會覺得很不可思議，但相信各位在小時候，也有不少類似的經驗。

舉例來說，有個孩子和好朋友吵架後認為「一切都是我的錯……以後不會有人願意跟我當朋友了」，因此陷入難過、不安的情緒，整個人相當的沮喪；另一方面，在遇到相同的狀況時，也有孩子會認為「因為想法不一樣，有時候會和朋友吵架，不過之後一定會和好的」。而且，後者的孩子還會進一步思考克服問題的方法，像是「要怎麼做才能和好」。

一樣是「和好朋友吵架」，每個人看待這件事的方式、反應與採取的行動都不一樣。

之所以會產生這樣的差異，就如先前所提到的，是因為看待事物的方式不同。許多人會「因為情況或事情不順利，覺得自己很討厭」。然而，實際上，事情和情感之間的關聯並沒有那麼強烈。

決定我們情感的不是「事情本身」，而是「看待事情的方式」。

當發生一件事情時，我們會習慣用之前的經驗和情報為基礎，自行對當下的情況或事情進行解釋（看待方式）。接著，再根據這個解釋

重點 3

（看待方式）產生情感，並以此情感來採取行動。這一連串的流程會在一瞬間於大腦中完成，所以才會覺得好像是「情況決定一切」、「這件事讓我覺得自己很討厭」。

以剛剛舉的例子來說，每次和朋友吵架時，如果看待事情的方式都是「全部的錯都在自己身上，以後沒有人會跟自己做朋友」，就會深陷在悲傷和沮喪的情緒中。更可怕的是，就算自己沒有意願，也會為了證明這個想法是正確的，不自覺的採取相應的行動（避免和朋友相處，或是對朋友低聲下氣）。

最後就會形成惡性循環：深信「朋友都遠離自己」，在人生中反覆進行以此想法為基礎的行為，並進一步強化這種想法（參照下一頁圖表）。要破壞負面循環，就必須改變看待事情的方式和採取的行動。

「看待事情的方式」會決定人的情感

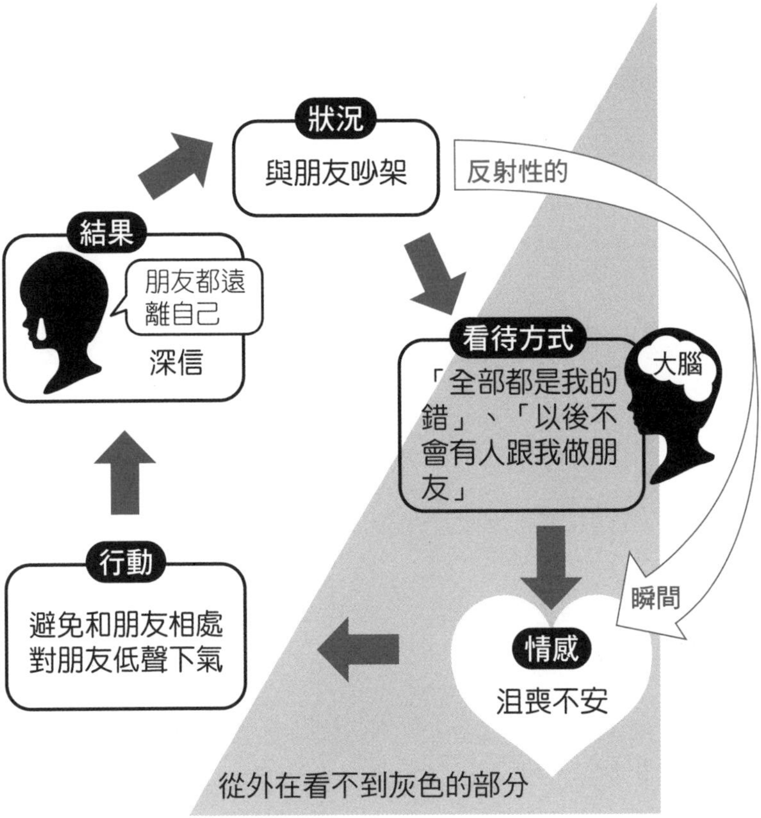
狀況
與朋友吵架
反射性的
看待方式
「全部都是我的錯」、「以後不會有人跟我做朋友」
大腦
瞬間
情感
沮喪不安
行動
避免和朋友相處
對朋友低聲下氣
結果
朋友都遠離自己
深信
從外在看不到灰色的部分

因為從外在看不到灰色的部分，第三者可能會僅憑行為就判斷那個孩子是什麼樣的人。孩子本人大多沒有察覺自己在面對狀況時的負面看法會產生負面情緒，並且會以此情緒為基礎來採取行動。

參考：伊洛娜・博尼韋爾《SPARK RESILIENCE PROGRAMME》

重點 3

藉由「腦中聽到什麼樣的聲音」來培養後設認知

了解孩子是用何種態度看待事物，意味著有很大的機會可以改變他們的情感及他們後續採取的行動。而且父母說的話會對孩子看待事物的方法產生很大的影響，因此，父母可以藉由適當的交談方式，來培養孩子用正向的態度看待事物，例如先前提到的「杯子裡還有半杯水」。

要知道自己是用什麼態度來看待事物，就必須具備能夠意識到自身思考方式的「後設認知」能力。據說，一般人五到六歲開始就會擁有後設認知能力，並且在九到十一歲左右發展成熟。後設認知受到語言發展的影響很大，所以根據孩子的特質和發展，後設認知能力也會有很大的差異。

協助孩子培養後設認知，孩子就能注意到自己是用負面態度來看待事物，進而打破一連串的惡性循環。

具體的做法是，向孩子提出問題，讓他們察覺自己看待事物的態度，或是在他們以負面態度看待事物時，與他們進行交談，促使他們轉變為正向的態度。

剛開始，父母可能很難掌握孩子是以什麼樣的態度，來看待眼前的狀況。就如第八十五頁圖中的灰色三角形所示，儘管看到他們感到煩躁或沮喪的樣子，但卻無法從外在看出他們對事物的看法及本身的情感，而且孩子也不太知道自己是用什麼樣的態度來看待事物，畢竟這是發生在一瞬間的反射反應。

因此，為了讓孩子察覺到自己是用什麼樣的態度來看待事物，在他們難過或沮喪的時候，抓準可以說話的時機，以「腦子裡出現什麼樣的聲

重點3

音？」、「腦海中浮現什麼畫面？」、「腦子裡的聲音跟你說了什麼？」等提問方式來詢問孩子。

面對這些問題時，孩子會自己重新仔細思考，並察覺到自身的看法，這是獲得後設認知能力的第一步。

舉例來說，我在過去服務的學校曾經遇過以下的案例。

有一次，一個十一歲的男孩因為被哥哥用嚴厲的口氣訓斥而感到鬱悶。他表示：「哥哥一定很討厭我！」連平時最喜歡的英語課都上得心不在焉。因此我試著問他：「被哥哥狠狠的罵了一頓，所以你覺得很難過，對吧？那你當時心裡在想什麼呢？」結果那孩子說：「因為不喜歡我，哥哥才會那麼生氣。他一定覺得我是笨蛋，以後應該不會再跟我玩了！」

在他願意開口對我說出自己的看法後，以此為契機，我們開始針對其他看待事物的方法進行討論，例如「有時候人也會對自己最喜歡的人發脾氣」、「就算生氣也不代表是討厭」等。

像這樣詢問孩子對事情的看法，就能幫助孩子改變看待事物的態度。而且，反覆提出讓孩子可以意識到自身看法的問題，有助於培養孩子的後設認知能力。

順帶一提，必須注意的是，要用大腦思考才能回答的問題，可能會出現不帶有感情的答案，對引導出孩子自身的看法沒有太大的作用。

在耳邊說著負面言詞的「七隻鸚鵡」

如前所述，看待事物的方式會影響情感，後續的行為又會受情感影響，所以，如果看待事物的方式偏向自以為是或負面的思考，情感和行

重點 3

為也會陷入負面的循環。此外，負面的看待方式，可能會養成無論發生什麼事，都會往負面方向思考的習慣。

孩子之所以會採取負面的看待方式，是因為受到身邊大人的想法、來自媒體的資訊及自身的經驗等影響累積到一定程度，逐漸演變而成。

在本協會進行的「心理彈性教育計畫」中，將常見的負面看法（認知）分成七種，並分別比喻成七隻鸚鵡來介紹。

這些鸚鵡就站在我們的肩膀上，當我們遇到困難時，會在我們耳邊說出如何看待眼前情況的話語。之所以將負面看法比喻成鸚鵡，是為了將對事物的看法從自己的身上分離出來，讓我們可以客觀的看待事物。

各位父母及孩子、還有大家的家人，大多是用什麼態度來看待事物的呢？以下七隻鸚鵡的耳語中，哪一個最常出現在腦海中呢？

哪一隻是站在自己肩膀上
耳語的「負面鸚鵡」？

事情不順利都是〇〇的錯！
我才沒有錯！

只要事情不順利或是感到不順心，就把錯都怪在別人身上。頑固、不知變通，常常感到憤怒。

指責鸚鵡

我就做不到啊！
反正不管怎麼做，都不可能順利。

一遇到問題就站在原地動彈不得。認為自己做不到，也不願意挑戰。有時也會陷入沒有精神、無力感或是焦躁不安中。

放棄鸚鵡

停止負面循環的第一步，是察覺自身的負面看法。

正義鸚鵡

那是錯的！
照〇〇這麼做絕對不會錯！
應該做〇〇。

既神經質又有很強烈的正義感。很重視事情的正確性和公平性，只要覺得事情「錯誤」或「不公平」，就會感到憤怒或厭惡。

擔憂鸚鵡

鐵定沒辦法了。
如果變成那樣該怎麼辦？
若是事態變成那樣……

對未來太過擔憂，深信一定會得到負面的結果，經常感到不安、恐懼和緊張等。

漠不關心鸚鵡

沒有興趣～
那是什麼？
都可以啦！

覺得現在好就好，對將來漠不關心。深信只要不去面對，問題總有一天會自己解決。

失敗感鸚鵡

我什麼忙都幫不上……
反正我不管做什麼都會失敗……
我是最爛的……

深信自己比別人差，很容易被失敗感、自卑感和憂鬱情緒控制。

罪惡感鸚鵡

都是因為我才會失敗！
全部都是我的錯！

一旦發生什麼事，就覺得都是自己的錯，並花費大量的時間責備自己。內心會產生罪惡感、焦慮和焦躁等情緒，並沉浸在其中，使這些情緒變得更加嚴重。

盡早放生負面鸚鵡

當我在講座和研討會等場合詢問在場的觀眾：「哪一隻鸚鵡最常出現呢？」有不少孩子和大人會坦率的告訴我：「全部！」這並不是什麼稀奇的事，每個人都會根據情況採取不同的看待方式，有時甚至會結合各種方式，用複雜的角度來看待事情。

之前也有提過，負面情緒具有「保護自己」的重要作用，感受到負面情緒並不是不好的事。同樣的，出現用負面態度看待事物的鸚鵡，也絕非壞事。

最重要的是，不要養成負面的看待方式。看待方式就像內心的習慣，所以必須要擺脫那些會讓自己感到痛苦的看法，並轉換成可以讓自己向前積極邁進的看法。首先要察覺到鸚鵡站在自己的肩膀上，而且不要讓牠們一直待在那裡。

為此，建議在孩子內心感到從容、心情愉悅、精神飽滿的時候，趁機利用鸚鵡和他們討論這七種負面看法。不只是孩子，當全家人都了解這些鸚鵡的存在後，對於家庭內部的相互溝通，也能發揮良好的助力。

我還曾經收到觀眾的回饋，一位媽媽感到煩躁時，女兒對她說：「媽媽，妳好像有一隻氣噗噗的鸚鵡耶！怎麼了嗎？」提醒了媽媽注意自己的情緒。此外，我也推薦將鸚鵡的插圖擺在一起，並用有趣的方式進行討論，例如「媽媽常常出現這個鸚鵡」、「爸爸是這隻鸚鵡」。這個方法有助於讓孩子的心情在尋找鸚鵡的過程中，變得正向、積極。

重點3

試著仔細觀察孩子表現出的「情感」

為了尋找孩子對事物的看待方式，還有一種方法是，從孩子表現出來的負面情緒中「找出看待的方式」。

因為，光從外在看不出因為看待方式所產生的「情感」，就算是身為父母的我們，也會覺得很難理解。不過，只要仔細觀察孩子表現出來的情感，以及從中產生的言行，就會發現七隻鸚鵡中有一隻站在孩子的肩膀上。

有一位七歲男孩的母親，跟我分享一件她曾經歷過的事。當時，那位媽媽因為男孩經常和朋友發生口角而感到苦惱，她試著觀察男孩的情況，發現男孩有時會用非常強硬的口氣對朋友下指令。媽媽差點脫口而出「對朋友不要這麼強硬」，但她用力忍住了，並決定再觀察一下。

男孩似乎對朋友感到相當憤怒。在第九十一頁開始介紹的七隻鸚鵡中，容易感到「憤怒」的是「正義鸚鵡」和「指責鸚鵡」。事實上，仔細聽他說的話後，會發現他跟朋友說的都是「這個要收到這裡」或是

重點 3

「老師不是說不行嗎」等，「應該……」或「……才對」之類的內容。

除了正義的鸚鵡外，媽媽還聽到「都是因為他不做」、「都是因為朋友，所以才沒辦法順利整理好」等指責鸚鵡所發出的聲音。

仔細觀察男孩的言行後，發現他並不是「想要求他人照自己所想的來做」，或是「刻意刁難他人」，而是他看待事情的方式是「做任何事情，最重要的是正確性，都是因為大家不聽話的過錯」。這個想法在他心中形成強烈的憤怒感，所以才會做出以強硬的語氣責備朋友的行為。

在了解這個情況後，媽媽就能說出理解男孩心情的話：「因為朋友不做該做的事情，所以你覺得很煩躁，對吧？」接著，還可以和男孩討論「一起來想想看，要怎麼跟對方說比較好吧！」或是「朋友不願意整理，可能有他的理由？」等。

只要能慢慢的向男孩傳達「除了不是黑就是白、不是善就是惡以外，還有其他看待事情的方法」正義鸚鵡就不會太過強勢，男孩的情感和行動也可能會出現變化。

像這樣透過仔細觀察孩子的情況，了解他們的情感，就能找出他們看待事情的方式。

對於孩子乍看之下讓人困擾的行為，父母往往會不分青紅皂白的感到憤怒或是焦慮。如果能順利的做到「仔細觀察↓了解情感↓找出孩子看待事情的方式↓適當的與他們談話」這一連串的流程，就能理解孩子為什麼做出讓人為難的行為，並且有耐心的進行應對。

不必勉強就能改變「負面看法」的方法

從七隻鸚鵡中了解孩子負面看法的傾向後，可以試著挑戰，讓孩子的負面看法轉變成更積極應對的對待方式。

重點 3

當然，負面的看法不可能突然轉變成正向的看法，所以要和孩子一起從不同的視角尋找看待事物的方式，或是先從改變一部分開始，這樣孩子也會更容易接受。

舉例來說，有一個十歲的男孩，他有一隻擔憂鸚鵡。每次足球比賽開始前，男孩都會感到非常焦慮，不停自言自語著：「如果射門射歪了怎麼辦？大家會覺得很困擾……」

於是，我試著向這位男孩提出了幾個基本且單純的問題：「之前射門沒有成功時，隊友和教練有說什麼嗎？」、「你射門成功的機率是多少呢？」等。我一步步的和他一起尋找現實中實際發生的情形，而不是探討他自認為的想法。

此外，我還詢問他：「如果是你尊敬的選手射門不成功，你會怎麼想？」等，像這樣引導他從不同的視角，或用稍微廣闊一些的視野來思考，並和他一起想出幾個看待事情的其他方式後，再像下面寫在紙上。

●無論是誰，都會有感到緊張、焦慮的時候，但這並不表示一定會失敗。

●射門並非每次都會成功，也會有失敗的時候。但在這之前，有過好幾次射門得分的經驗。

●不比賽的話，就不知道對方的實力有多厲害。重要的是，要盡最大的努力做到最好。

●射門失敗時，不管自己還是隊友都會感到失落，不過，只要一起繼續不斷的練習，就會變得更厲害。

●足球是一種需要靠團隊合作才能發揮出力量的運動。因此，全力以赴固然重要，但比賽表現得好不好，不光是你一個人的責任。

重點 3

接著，再一邊詢問男孩：「這裡面有哪一句可以幫助你減輕焦慮嗎？」、「有沒有讓你覺得：『原來如此！』的內容呢？」一邊與他一同思考新的看待比賽的方式。最後，男孩的焦慮感逐漸消失，每次比賽都可以用輕鬆的心態來面對。由此可知，只要看待事情的方式改變，內心的情感和採取的行動也會跟著有所變化。

根據本協會的顧問伊洛娜・博尼韋爾博士的說法，以下列出的三種

試著用這三種角度來思考

1、試著用其他角度來看

→「如果是你崇拜的○○，那你會怎麼想呢？」

2、試著用更現實的角度來看

→「那是真的嗎？讓我們化為偵探來尋找真相吧！」

3、試著冷靜的用更寬廣的角度來看

→「想像自己正在熱氣球上，從高處觀察整體的情況吧！」

※→後面是作者自己添加的內容。

思考方式，有助於改變看待事情的方式。

發生一件事情時，由於裡面參雜著各種因素，在大多數情況下，往往無法用簡單的幾句話就解釋清楚。因此，自己看待事物的方式並不能説是百分之百的錯誤，但也不是百分之百的正確。站在肩膀上的鸚鵡，在耳邊呢喃的話語（負面的看法）並不完全正確，但也有其道理。所以，與其完全改變負面的看待方式，不如引導孩子想出稍微有點不同的看法，對現實還比較有幫助。

舉例來説，對於遇到事情不順利時，就會用失敗感鸚鵡的看法，像是「沒辦法順利完成的自己果然很失敗」等來看待事情的人，如果要他們用完全相反的態度來面對，例如「失敗也沒關係！會失敗的自己比任何人都還優秀」，也許會有點勉強也説不定。從長遠的角度來看，強迫自己抱持著正向積極的想法，對於改變看待事物的方式，並沒有任何幫助。

重點 3

「失敗真的很可惜，畢竟這是很重要的事。但失敗就表示學到了新的事物，也表示有能力挑戰自己。無論是誰，都會有失敗的時候，所以並不是什麼超級嚴重的事」，這樣的想法比較不會和內心原本的心態出現衝突。

言詞合適、沒有衝突感，其實非常重要。這就是為什麼我會詢問因足球比賽而感到焦慮的男孩：「有沒有讓你覺得：『原來如此！』的內容呢？」

在察覺孩子是以負面的態度來看待事物時，當然會想要強行改變他們的心態。不過，與其勉強孩子以積極正向的態度來面對，不如承認他們當下的想法也有一定的道理，並尋找能夠改變的部分，這才是使孩子更容易接受改變的重點。

在孩子的心中培養出「正向鸚鵡」的方法

看待事物的方式是透過累積經驗而來的結果，想當然，只要累積正向的看待態度，這個看法就會向下扎根，在接下來的時光逐漸成為新的「內心習慣」。

在面臨嚴峻的情況時，相信各位的心中也有會鼓勵自己：「不用擔心，你一定做得到！」的鸚鵡。

在我們實施的心理彈性教育中，有一個活動是幫助孩子在內心培養其特有的「正向鸚鵡」。這個方法是讓孩子想像屬於自己的正向鸚鵡，並畫出那隻鸚鵡的樣子，以及幫牠設計台詞。此外，還要請孩子為那隻鸚鵡命名。

目前為止，已經誕生了各種促使孩子積極向前邁進的鸚鵡，例如

「你真的很努力呢！」的加油鸚鵡、「只要去做就能做到！」的鼓勵鸚鵡，還有「不屈不撓」的不倒翁鸚鵡等。

在孩子想出各自的鸚鵡後，接下來，身為父母的我們首先要做的，是化身為孩子的加油鸚鵡和鼓勵鸚鵡。因為我們要成為在孩子遇到困難時，可以與他們談話、幫助他們以正向的態度來看待事情的鸚鵡。

在我們不斷反覆做這件事的過程中，孩子就能學會即使父母不在身邊，自己也能靈活運用正向鸚鵡的能力。也就是說，他們有能力對自己說一些打起精神、重新振作的話。

在孩子感到煩惱時、打算克服逆境時，試著詢問他們：「你的鼓勵鸚鵡會對你說什麼呢？」也有助於拓展他們看待事物的視野。

接下來要講述的案例是，一個父母和孩子曾經一起接受心理彈性訓練的家庭。這是發生在這個家庭接受訓練後，計畫舉家搬到新加坡時的事。與父母一起參加過訓練的八歲男孩，是需要時間來習慣新環境的類型。據說，在他好不容易適應小學的生活後，卻要搬到新加坡，導致他每天都陷在低落的情緒中，一直覺得「到了新學校怎麼可能交得到朋友？我連英語都不會說！這樣上學一點也不開心」。

在這種情況下，媽媽想起以前接受心理彈性訓練時，兒子曾經創造出自己的正向鸚鵡——「活力滿滿鸚鵡」。於是，她試著詢問孩子：「要不要問問看你創造的活力滿滿鸚鵡？如果是活力滿滿鸚鵡，牠會怎麼說呢？」

男孩想了想後回答：「我覺得牠應該會說：『雖然滿擔心的，但或許會交到新朋友也說不定喔！學會講英文後，看起來應該會很帥吧！』」於是，這種新的看待方式產生了名為「期待」的心情。漸漸的，這種心情逐漸取代了「焦慮」和「擔心」，最後男孩甚至表示：「我好期待去新加坡喔！」

重點3

創造出一隻鼓勵、安慰自己的鸚鵡，有助於拓展看待事情的視野。要讓鸚鵡隨時都可以出現的小訣竅，是試著為正向鸚鵡取名字，或是畫出牠們的樣子。接著，就像剛剛的媽媽一樣詢問孩子：「問問看你的〇〇鸚鵡吧！牠會說什麼呢？」以喚醒孩子心中的鸚鵡，讓孩子從其他的角度來看待事情。

「批評」、「責備」無法培養出心理彈性

「你這樣想也太不正常！」、「所以我不是說了嗎？」、「都已經幾歲了！」相信身為父母，應該已經說過不少次這些話吧？我了解各位的本意並不是想要責備孩子，而是想要讓孩子的想法和行動變得更積

極、正向。然而遺憾的是，目前已經得知，從長遠的角度來看，父母對孩子的行為和想法進行判斷或評價，在培養孩子內心方面並不會帶來理想的結果。因為事實證明，在具有批判性的父母身邊成長的孩子，對自己也會抱持著批判性的態度。

此外，在面臨大環境的變化，或足以改變人生的離別等逆境時，對自己抱持批判的態度，在克服困難上並沒有幫助。事實上，接受負面情緒、體諒自己，才能踏出提高心理彈性的第一步。也就是說，在大多數情況下，「批評」和「責備」無法轉化為克服難關的力量。

就如同以下的介紹，這點已經在各種研究中得到科學上的證實。

歐美地區的孩子在升上大學時，大多都會離開家裡，在新的環境展開生活。有報告指出，許多孩子因此罹患思鄉病，「感到憂鬱、沒有動力、孤獨等」。此外，罹患思鄉病的學生退學的機率比正常的學生高出三倍。

重點 3

美國杜克大學研究人員以升上美國大學的一百一十九位高中生為對象，針對「自我慈悲（Self-compassion，接受自己的痛苦，善待自己）」進行調查。結果發現，愈是具有自我慈悲的學生，愈可以有效的克服困難。同時也得知，這些人憂鬱傾向較低，也比較不會罹患思鄉病，而且對大學生活相對滿意。

美國德克薩斯大學的心理學家克莉絲汀・聶夫（Kristin Neff）博士認為，作為克服困境的關鍵，自我慈悲具備以下三個要素。

珍惜自己的「自我慈悲」三大要素

1、「正念」，直接面對自身經歷帶來的痛苦，而非忽視或誇大情緒。

2、「共同的人性」，一種作為人類與他人相連的感覺，而不是孤獨或疏遠感。

3、「善待自己」，不要對自己採取批判和嚴厲的態度，要以溫柔、體諒的態度來對待自己。

這就是為什麼父母不應該抱持批判性的態度，而是要接受孩子的痛苦，以同理心來和他們交談，才能幫助孩子養成克服逆境的能力。

接受現狀，培養重新站起來的能力

我經常聽到有父母表示：「明明已經鼓勵孩子了，但完全沒成功傳達給孩子……」。

之所以會遇到這個情況，可能是因為當下可以讓孩子重新振作的正向鸚鵡，並不是鼓勵類型的鸚鵡也說不定。

這時往往是理解型的鸚鵡所說的話，才會成為促使重新振作的契機，例如理解自我慈悲的鸚鵡會說：「原來如此，所以才那麼沒有幹勁。你已經很努力了，沒關係啦！」

重點 3

因此，當孩子表現出沮喪的樣子時，請接受他們的痛苦，對他們表示：「是啊！我理解你的感覺。」只是一個擁抱，就能成為孩子的力量，同時培養孩子接受自身痛苦的能力。而且還要告訴孩子「無論是誰，遇到這種事都會覺得難過」，讓他們知道不是只有他會有這種感受，只要是人，都會這麼覺得。還要跟他們說：「沒關係啦！我們一起想辦法吧！」幫他們建立一條珍惜自己的道路。

在這一連串的交談中，包含了自我慈悲的三大要素（①正念、②共同的人性、③善待自己）。

此外，交談的語調和表情，也必須與傳達的內容一致。以讓人感到平穩、溫柔的語調，依照自我慈悲的三大要素反覆與孩子交談，有助於在孩子心中培養「理解型鸚鵡」，提高克服困難的能力。

重點 4

不只是做不到的事，也要關注做得到的事

只要有一件事做不好，孩子很容易就會放棄一切。但如果仔細想一想，就會發現，儘管有一件事情做不好，但其他部分可能做得很順利、很好。

培養孩子不要只關注做不到、不順利的部分，也要將注意力放在順利進行或成功完成的部分，對發展心理彈性來說相當的重要。這是因為與「沒有希望」相比，覺得「還有機會」時，人會湧出更多能量，這種能量會給予孩子重新振作的力量。

接下來，讓我們一起來看小綾這個例子。小綾是位七歲的女孩，因

為和朋友交惡，變得開始討厭上學。

小綾不願意去上學的原因，是她的朋友對她說：「我不想和妳玩！」雖然勉強讓她去上學，但她每天早上都會鬧彆扭，或是說她身體不舒服。

感到苦惱的父母為了順利送小綾去上學，與班導師討論了好幾次，要如何應對造成小綾不肯上學的朋友比較好。有一段時間，小綾的父母滿腦子都是小綾不願意去上學的事，以致完全無暇思考其他事情。

因此，當小綾的父母向我諮詢意見時，我試著詢問他們：「你們知道小綾在學校、才藝班，或是每天的生活中，哪些方面做得很好？或是有什麼做起來很開心的事情呢？」聽到我提出的問題後，父母才意識到上學對小綾來說也有許多正向的部分，例如有時小綾也會覺得上學很開心，而且她會認真的上課、確實完成作業等。

於是，小綾的父母開始將小綾成功完成的事情、享受其中的事情組織成言語告訴小綾，例如「每次都好好完成學校出的作業，妳真的好努力喔！」、「和才藝班的朋友玩得很開心呢！」、「早上可以準時到校了耶！」等。

藉由言語傳達後，小綾本人也能深刻的意識到「雖然上學會遇到討厭的事，但也有很多開心的事」。在父母堅持不懈、持續提醒小綾上學的正向面後，小綾也逐漸恢復了精神。而且，據說她後來變得比從前還要喜歡上學。

負面情緒會縮小視野，正向情緒會拓展視野

就像小綾的父母一樣，當孩子出現問題時，我們通常滿腦子想著「要趕快想辦法解決這個問題」，導致忽略進展順利的部分。這個反應

重點4

是人之常情，但愈是將注意力放在問題上，就愈不可能採取最佳的行動。我完全可以理解為什麼大家都說抱持著負面情緒時，最好不要做任何的決定，這是因為正向情緒和負面情緒各有不同的作用。

就如同之前所說的，負面情緒與「逃跑、攻擊或是不做任何動作」等特定的行動有關，所以會縮小行動的範圍和視野。

例如，在拚命逃離令人恐懼的人時，根本不會注意到耀眼的陽光或路邊的野花，畢竟為了活命，就必須將注意力全部放在「逃跑」上。相反的，**正向情緒會拓寬思考的範圍，促使人將注意力放在各種選擇、思考方式和行動上。**

正向情緒能幫助我們承受困難，並從不好的事情中找到好的部分。這也會成為讓我們從逆境、困難、日常發生的事件中重新振作的力量。

正向情緒會成為能量

如上述例子所言，一般人傾向於將注意力放在負面的事情上，像是做不到的事或不順利的事等。在與孩子對話時，聽到孩子說「在學校很開心，但和朋友吵架了」，就會不自覺忽略「開心」的內容，只關注「和朋友吵架」這個部分，並開始擔心、焦慮的刨根究底。這是因為受到負面偏誤（生存本能）的影響，而下意識將目光放在負面的部分。

另一方面，**正向情緒也有促使我們成長的作用**。正向情緒研究的權威芭芭拉．弗雷德里克森（Barbara Lee Fredrickson）博士所提出的「擴展與建構理論（Broaden and Build Theory）」指出，正向情緒能夠拓展行動和視野的範圍，建構個人的資源，並創造出正向的上升螺旋。根據弗雷德里克森博士的研究可得知，正向情緒具有以下四個優點。

重點4

①正向情緒有助於以更寬廣的視野來思考、行動

正向情緒可以擴展人的注意力和思考的範圍。人在感到快樂時，會更有創造力；在感到有興趣時，會發現新的情報或機會，學習以前不知道的知識或採取行動。因此，正向情緒能夠成為不拘泥於眼前的問題，找出許多解決的方法，並朝著新的可能性行動的力量。

②正向情緒可以緩解負面情緒

在絕望中，感受到「情況一定會改變」、「事情一定會好轉」的「希望」，也是一種正向情緒。因為一般人很難同時感受到負面情緒和正向情緒，具目的性的體驗正向情緒，有助於緩和難以根除的負面影響。另外，也有研究報告指出，正向情緒能夠減輕身體感受到的壓力，穩定血壓並使人不易感冒。

③加強心理彈性

享受、幸福、充實感、滿足感、愛情及體諒等，都能加強心理彈性和應對事物的能力。相對的，負面情緒則會降低這些能力。正向情緒會幫助我們做出好的行動，即使發生不好的事，也能積極尋找好的一面。

④培養謀略，使人成長

這裡所說的謀略，是指一個人擁有的能力、經驗和想法等。正向情緒能幫助我們建構解決問題的能力、獲得新情報的知識資源、運動能力和健康的身體資源，以及與他人緊密聯繫的社會資源。當然，心理彈性也是生活中重要的心理資源。正向情緒是暫時性的，很快就會消失，但藉由正向情緒獲得的資源會在將來成為我們成長的養分。

負面情緒會形成名為「負面沼澤」的下降螺旋，相對的，正向情緒則會因為①到④的特性，形成上升螺旋。如同負面情緒是守護生命的必要條件，正向情緒也是，而且是長久過著富足生活的必需要素。

重點 4

因此，利用各種方法或談話來引導出孩子的正向情緒，能夠幫助孩子建立健康生活所需的資源。

一位喜歡爬山的男孩告訴我，他在看到漂亮到令人嘆為觀止的大自然，或聽到太空人登上月球等話題時，會敬畏的表示：「太厲害了！」並「因此感到很有活力」。

另一方面，有一位對一切事物都抱持著好奇心的女孩對我說，她在看到新書或發現從未見過的東西時，內心會湧出「想要知道更多」、「好有趣」等正向情緒，並且覺得自己精力充沛。

正向情緒也有各種不同的類型。除了快樂、興奮的心情外，感動、期望、興趣和安心等心情也屬於正向情緒。

每個人都有能讓自己充滿活力的正向情緒，各位的孩子也不例外。請務必試著找到能夠激發孩子正向情緒的開關。

共享正向情緒，會成為家人之間的黏著劑

因為先前提到的「負面偏誤」，無論在什麼情況下，我們都很容易被負面的事情和情感牽著鼻子走。為了擺脫負面偏誤造成的結果，重點在於，要在日常生活中養成習慣，將注意力放在孩子正向的事情上。

舉例來說，很多父母會詢問孩子：「今天在學校過得怎麼樣啊？」但今後請試著加上幾個有助於打開孩子正向情緒開關的問題，像是「今天有發生什麼開心的事嗎？」、「今天有什麼事情成功完成了嗎？」。如此一來，孩子就能在今天發生的各種事情中，想起感受到的正向情緒。當然，能夠說出討厭、煩惱的事情也很重要。不過，為了避免說話的主題都圍繞在討厭的事情上，要注意培養孩子從正向角度看待事情的意識。

此外，正向心理學中很有名的日常功課是「晚上睡覺前，回想今天感

重點 4

到開心、做得很好及想要感謝的事情」。

不要把時間花在哀嘆不順利或做得不夠好的事情上，而是將注意力放在做得順利和自己所擁有的事情上，感受其中帶來的正向情緒，如此就能減少憂鬱，增加幸福感。因此，非常推薦讓孩子養成用正向情緒來結束一天的習慣。

正向情緒的其中一個特徵是「相較於負面情緒，正向情緒比較微弱，跟肥皂泡泡一樣，很快就會消失」。因此最重要的是，當產生正向情緒時，必須要有時間好好的「感受」這種情緒。美國心理學家馬丁・賽里格曼表示：「能夠確實感受正向經驗的能力，是幸福生活不可或缺的要素。」

「感受正向情緒」這件事代表要「集中精神」。仔細的品嚐美食、專心的傾聽朋友說話，以及聆聽喜歡的音樂等，將精神專注在現在進行的事情上，就能好好的感受到正向情緒。在與孩子一起進行快樂的事情時，請試著和孩子一起感受「好開心喔」的情緒。

相信各位應該很常有這樣的經驗：一邊看電視、一邊心不在焉的吃飯，或是一邊玩手機、一邊和家人或朋友聊天……結果根本不記得自己吃了什麼、說了什麼。不需要多，一天只要幾次即可，請試著將注意力放在眼前的樂趣上。

沉浸在快樂的回憶中，或思考將來的美好計畫，也有助於體會到正向情緒。例如，將有趣的家庭活動照片集中放在一個相冊隨時翻閱，或是和孩子一起計畫令人興奮的家族旅遊等。

反覆累積一起歡笑、開心、享受的經驗，有助於加強親子間的關係。當家人遇到麻煩時，一起感受正向情緒的回憶，也會成為家人之間相互聯繫的羈絆。

重點 4

儘管正向情緒有很多優點，但每天的生活不可能無時無刻都充滿正向的情緒，重點在於比例。芭芭拉·弗雷德里克森博士曾表示：「重要的是負面和正向情緒的比例，而不是正向情緒的多寡。」

一般來說，正向情緒和負面情緒的比例要超過三比一，才能夠獲得正向情緒帶來的優點。也就是說，每面對一種負面情緒，就得感受到三倍以上的正向情緒，如此才能營造出正向的上升螺旋。

當覺得自己跟孩子的談話重點圍繞在負面的事情上時，就要找出多於三倍的正向內容，與他們進行交談，幫助孩子營造正向的上升螺旋。

重點 5

稱讚「努力的過程」而不是最後的結果

每個人的人生都會經歷不順利或痛苦的事情。當孩子還小時，或許還能幫助他們一起克服，但在漫長的人生中，父母不可能一輩子都陪伴在他們左右，也不可能用父母的力量解決他們所有的痛苦。

這就是為什麼必須在孩子的內心培養「自我效能」的種子，以幫助孩子緩解痛苦帶來的傷害。

自我效能是堅信自己的能力，認為「自己只要去做，就能做到」。擁有高自我效能的人相信：「現況是可以改變的！」所以無論遇到再困難的情況，都能勇於採取行動，跨越困難。

「雖然有點難，但我還是做到了！」有助於提升自我效能

對於提升自我效能來說，「成功經驗」是很好的催化劑。

前一陣子我帶女兒去公園玩，看到一個男孩一直不敢從溜滑梯旁的桿子滑下來，後來他一臉下定決心般的展開行動，就很順利的滑了下來。我經常在這個公園看到這個孩子，大約兩週前，就曾看到他想滑下來、但又不敢邁出腳步的樣子。因此，在看到他成功的畫面時，我不由得感到開心，並笑著對他說：「你成功滑下來了呢！」

男孩也開心的笑著說：「之前很害怕、很緊張，但昨天我成功跳過了三級階梯，所以覺得應該也可以從桿子上滑下來！」

像這樣「過去覺得有點難，但經過挑戰後成功達成的經驗」，就是理想的成功經驗，有助於培養出以「一定會成功」的心態面對新挑戰的

重點5

能力。

根據提倡自我效能的前美國心理學會會長亞伯特・班度拉（Albert Bandura）博士的説法，培養自我效能有以下四大要點。

培養自我效能的重點① 反覆累積成功經驗

如同前面提到的男孩，在累積成功經驗的過程中，會建立起「我有能力可以克服」的自信心。當目標比較遠大時，可以將過程分為多個階段，例如，孩子面對大量作業時完全提不起勁，那就先把目標設定為完成一頁。每完成一頁就會累積「我做到了！」的成功經驗，並逐漸培養出自我效能。

如果對象是年幼的孩子，訣竅是在做一件事情前，先告訴他未來的目標，一邊表示：「一開始先做這個，接著來試試看這個，那再來是什麼呢？」一邊讓孩子完成小目標，如此一來就能培養出堅持不懈、不輕言放棄的能力。

必須注意的是，為了累積大量的成功經驗，有些父母可能會降低孩子達成目標的標準。然而，即使讓孩子累積對他們而言很簡單就能完成的成功經驗，也沒辦法培養出孩子的幹勁和自我效能。

能夠建立自信的，是克服障礙、成功達成的經驗，而不是父母幫忙解決障礙後成功達成的經驗。「將目標設定在稍微努力一下就能做到（加上適當的提示和幫助）」的地方，給予必要的支持和引導，使孩子在克服障礙的同時達到目標，這才是真正的成功經驗。

培養自我效能的重點② 鼓勵性的交談

對許多人來說，在擔心自己能不能順利完成的時候，周圍鼓勵的聲音：「你一定可以的！」會成為很大的動力。在人們不斷跟一個人說「你有那個能力」、「一定可以成功達成」的過程中，這些話語會成為

重點 5

那個人持續努力的力量。

不過，必須注意的是，毫無根據、誇張到超出現實的鼓勵，反而會引起反效果。此外，也必須將孩子做到的事和正在努力的事，分析並組織成更具體的話語回饋給孩子，而且比較的對象不是其他人，而是與孩子過去的表現相比，然後告訴孩子他們有哪些成長。當孩子得到認同後，例如「你很努力的做了〇〇呢！」、「在〇〇方面，相較於半年前，你現在做得更好了呢！」就會知道「就算一開始做不到，之後也會慢慢的達成」。

孩子通常會想像事情順利完成的樣子，所以在遇到失敗的時候，可能會感到沮喪。這種時候，可以跟他們說：「挑戰新事物的時候，本來就需要花時間，才有辦法完成，而且，失敗是所有人的必經之路，讓我們一起想想要怎樣才能順利完成吧！」

培養自我效能的重點③ 榜樣

當孩子看到身邊的人有優秀表現，把他們當成榜樣，產生「如果他能做到，我也能做到」的想法時，也有助於培養他們的自我效能。對孩子來說，在學校的榜樣大多是同班同學、學長姊或老師，家裡的榜樣則是父母或兄弟姊妹。**最重要的是，要讓孩子經常看到父母面對困難的樣子**，除了展現努力完成目標的樣子，父母如果能對孩子講述自己過去的經驗，也會成為孩子良好的榜樣。

接下來介紹一個故事。有一對母女，女兒熱衷於韻律體操，有一次，她在練習過程中受傷，而無法參加比賽。受傷的女兒也暫時無法練習，沮喪的說：「說不定我以後都不能參加比賽了……」媽媽聽到後，除了表示理解女兒的心情，也分享了自己過去的經驗。

「媽媽以前也曾在參加重要的考試之前，手臂不慎受傷。因為是非

重點5

常重要的考試，當下真的受到很大的衝擊，結果那一年沒能參加考試，但我在第二年又挑戰了一次。因為我認為只要努力念書、不輕言放棄，就一定有機會成功。」女兒聽到這件事後，大吃一驚的說：「媽媽也曾經遇過這樣的事嗎？真的嗎？」同時，媽媽克服相同困境的經驗談，深深打動了女兒的內心，進而幫助她順利的轉換心情。

培養自我效能的重點④ 身心穩定

自我效能在處於正向情緒時會提高。在重要的比賽、競賽或考試之前，透過想像「成功的自己」來鼓勵自己，有助於產生正向的情緒。

但是，如果身體感到疲憊，即使面對平時努力一下就會成功的事，都可能感到消極。遇到這種情況時，最重要的是優先讓身體休息，例如告訴自己「稍微休息一下再努力，也沒關係」。因為身、心兩者為一體，身體休息就代表內心也在休息。現今社會中，很多人對休息感到有罪惡感，認為應該先做好該做的事才能放鬆；然而，如果想好好發揮能力，讓身體獲得適當的休息，是不可或缺的條件。也有報告指出，長時間睡眠不足，會增加焦慮和憂鬱的傾向。

培養成長型思維模式的方法

就算向孩子解釋「失敗是完成新挑戰的必經之路」，他們也不見得會接受。從美國心理學家卡蘿・S・德威克（Carol S. Dweck）提倡的「思維模式（Mindset）」概念來看，就能知道孩子為什麼會這麼想。

思維模式，是指對事物的理解方式、思考方式和信念，以決定個人的行動和態度。德威克博士帶著下述的疑問進行研究：「無論是誰，在出生時都是學習者。所有的嬰兒都是以滿滿的好奇心在探索世界，不過我們常常因為太過強調結果，或是抱持著恐懼感，導致從自由的學習者轉變為非學習者。那麼，要怎麼做，人才會成為終生的學習者呢？」

最後，德威克博士發現了以下兩種思維模式。

> ①認為「智能、才能、技能、個性和人際關係有可能靈活變化」的「成長型思維模式」。
>
> ②不認為「智能、才能、技能、個性和人際關係有可能靈活變化」的「固定型思維模式」。

我們在面對不同領域時，會有不同的思維模式。舉例來說，「我在讀書方面有成長空間，但運動完全不行」等，根據類型抱持的思維模式也會有所差異。即使具有相同的認知，每個擁有固定型思維模式和成長型思維模式的人，在對話中使用的表達方式也會有所差異，具體如下：

擁有固定型思維模式的人……「我擅長○○、不擅長○○」。

擁有成長型思維模式的人……「我不擅長○○，但只要多練習就會進步」、「我雖然不懂○○，但只要努力學習就能理解」。

顧名思義，擁有成長型思維模式的人認為「自己的技能和才能具有成長的空間」。

此外，對於自己的個性也會有不同的想法，固定型思維模式的人會說：「我的個性本來就很急躁，我也沒辦法。」相反的，成長型思維模式的人則會認為：「其實有時候我也可以很有耐心，應該要想辦法讓這部分成長。」這些思維模式會對我們採取的行動造成什麼樣的影響呢？詳細說明請看下頁圖。

2種思維模式會改變採取的行動！

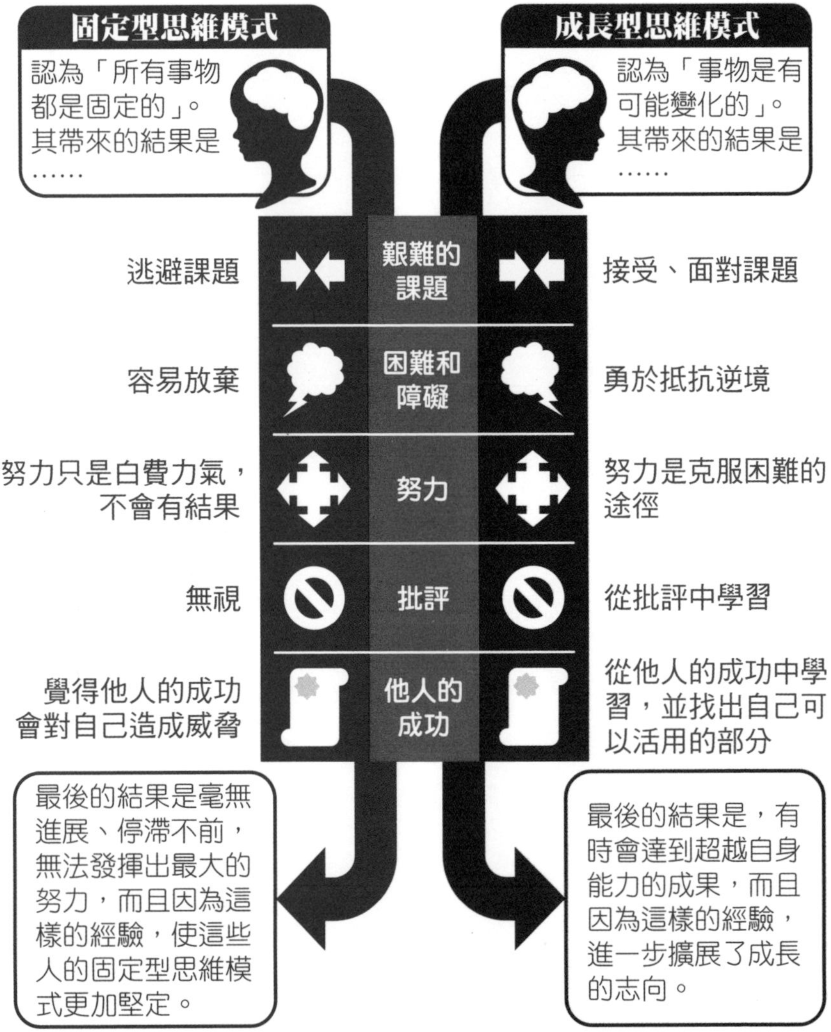

固定型思維模式
認為「所有事物都是固定的」。其帶來的結果是……
成長型思維模式
認為「事物是有可能變化的」。其帶來的結果是……
艱難的課題
逃避課題
接受、面對課題
困難和障礙
容易放棄
勇於抵抗逆境
努力
努力只是白費力氣，不會有結果
努力是克服困難的途徑
批評
無視
從批評中學習
他人的成功
覺得他人的成功會對自己造成威脅
從他人的成功中學習，並找出自己可以活用的部分
最後的結果是毫無進展、停滯不前，無法發揮出最大的努力，而且因為這樣的經驗，使這些人的固定型思維模式更加堅定。
最後的結果是，有時會達到超越自身能力的成果，而且因為這樣的經驗，進一步擴展了成長的志向。

出處：TWO MINDSETS, Carol S.Dweck,Ph.D.
Nigel Holme

「沒有幹勁」的真面目

擁有固定型思維模式的人認為「努力是白費力氣」、「一旦努力就表示承認了自己是沒用的人」，抱持著「這很丟臉」的心情，採取「不去挑戰」的行動。我在第八十五頁曾說過「看待事情的方式會決定人的情感」，這裡也可以清楚看出兩者的關聯性。

只看行動的話，父母可能會覺得「為什麼不做呢？」但只要看看造成這種結果的看待事情方式和情感，就能理解孩子的想法。就算對孩子說些鼓勵改變行動的話，例如「我們來試試看嘛！」孩子也不會有行動的幹勁。事實上，擁有固定型思維模式的孩子，經常會說出「反正做了也沒用」或是「失敗的話會很丟臉」之類的話。

相較之下，擁有成長型思維模式的孩子則認為「努力是獲得的必要條件」，並為自己的努力感到自豪。這些孩子在失敗時，當然也會感覺很難受，但他們相信「自己的能力是會成長的」，所以會考慮再次嘗試挑戰。

成功時和失敗時的交談方式

有些人可能會覺得：「我家的孩子對任何事都提不起勁……應該和成長型思維模式沾不上邊吧……」但其實不用擔心，成長型思維模式是可以培養的，關鍵就在於「成功時和失敗時的交談方式」。

舉例來說，孩子每天勤奮的學習，在考試中獲得了一百分。這時，很多人會對孩子說：「好棒喔！你根本是天才！果然很有才能呢！」不過意外的是，像這種稱讚能力和才能的交談內容，反而會培養出固定型思維模式。因為當孩子聽到這些話時，接收到的訊息是「自己的價值是由是否有才能和頭腦聰不聰明來決定」。

要培養出成長型思維模式，重點在於和孩子交談時，要關注的部分是努力和過程，而不是能力和才能。例如「這是因為你針對考試制定了學習計畫，並堅持不懈的努力學習呀！」、「你每天放學後都為了考試努力的學習！考一百分的感覺怎麼樣呢？」像這樣在交談時，認同孩子努力的過程，就能培養出「藉由努力就可以讓能力成長」的成長型思維模式。

培養出「成長型思維模式」的交談方式

另一方面，當孩子遇到失敗或是事情不順利時，要怎麼跟他們交談比較好呢？關鍵在於「還」這個詞彙。

在孩子感到自己「做得不好」、「失敗了」的時候，請對他們說「現在還沒辦法做得很好」、「目前還有覺得困難的地方」。如此一來，傳達出去的訊息就會是「現在還做不到，但只要反覆練習或下功夫，之後就能夠順利完成」。

建議以此為基礎，與孩子一起思考從失敗中學到了什麼？今後要怎麼做比較好？這是一種有助於培養出成長型思維模式的訓練。

為他人著想的能力

在孩子成為國、高中生後，在培養成長型思維模式之前，還有一件必須要注意的事，也就是「貢獻型思維模式」，這是注重個人成長的「成長型思維模式」的發展型。擁有貢獻型思維模式的人認為，自己的成長可以為世界做出貢獻，並且在進行有意義的貢獻行為後，會感受到幸福和成就感。

成長型思維模式培養出來的能力，不是用於自己想得到什麼或戰勝什麼，而是活用於幫助他人、使每個人都過得更好；在擁有這種貢獻型思維模式後，孩子就會有強烈的目標意識，同時也會成為他們克服逆境和困難的力量。

重點 6

培養性格上的「優勢」

應該有許多人聽過「自我肯定感」這個詞彙。自我肯定感是指了解自己既有好的一面，也有不好的一面，以及對自己感到滿意的感覺。一般來說，**高自我肯定感的孩子，比較有能力面對困難。**

然而，日本內閣府的調查顯示「日本兒童的自我肯定感普遍比其他國家的兒童還低」。各位可能會因為這樣的結果感到緊張，但這絕對不是件悲觀的事。對自己不滿意有時會促使成長。不過，如果孩子找不到自己的優勢，一味的否定自己，那將會很難在社會生存。

因此，在這裡要告訴各位的是，讓孩子發現自己的優點，並培養出自我肯定感的必要條件。

第一步是「讓孩子了解自己」。

「咦？竟然是了解自己？」、「最了解自己的不就是自己嗎？」大家往往會這麼認為，但事實上並非如此。意外的是，不只是孩子，大人們也經常出現不了解自己的情況。

培養自我肯定感，是指「理解並接受自己的優點和缺點」。孩子是在家人和朋友等身邊的人接受自身模樣的過程中，培養出自我肯定感。

除此之外，培養心理彈性的因素中，包括「自我理解」這個項目。經研究顯示，使人了解自己的個性、想法和心情，是培養心理彈性的重要因素。

而且對於培養心理彈性來說，發展優勢遠遠比糾正缺點還來得重要。

當問起「孩子有什麼優勢？」時，每位父母都會回答出不同的答案，例如「善良」、「風趣」等個性方面的優勢，或是「跑得很快」、

重點 6

「鋼琴彈得很好」等能力方面的卓越之處。優勢其實有各種不同的類型，根據美國心理學家萊恩．M．尼米克（Ryan M. Niemiec）博士的說法，優勢大致分成以下六類。

1、**才能**：自然而然就能將事情做好的能力。

2、**技巧**：藉由訓練習得的特定技術。

3、**興趣**：自己喜歡的事物、沉迷的事物。

4、**資源**（**資產**）：人際關係、生活環境及經濟狀況等支持自己的外部因素。

5、**價值觀**：我們最為重視並作為行動方針的看法。

6、**性格優勢**：正向的性格特質，表現在思考和行為的優勢（好奇心、勇氣、同理心、感恩等）。

參考：Ryan M. Niemiec《Character Strengths Interventions》

這六個類型中，讓我們針對與自我肯定感最有關係的「性格優勢」，進行深入的了解。

性格上的優勢是指，在性格上對本人或周圍的人產生良好影響的優點。通常會表現在思考方式和行動上，而且是技巧和才能等優勢的核心，同時也會作為克服逆境和困難的力量，發揮出巨大的影響力。

在正向心理學中，已經對性格優勢進行長達二十年的科學研究。其中，目前已經得知，在工作、教育和人際關係等各種領域積極活用優勢，會帶來好處。

例如有報告指出，活用優勢有助於提高人生滿意度和自我肯定感、降低憂鬱風險、培養和強化心理彈性、提高適應學校的能力，以及改善學習態度等。經研究證實，除了培養孩子的心靈，對學業也會有良好的影響。此外，還有報告顯示，父母關注孩子的優勢，有助於提高孩子的幸福感，以及減少他們的壓力。

重點6

試著在「二十四種『優勢』圖鑑」中尋找符合自己的部分

培養孩子性格優勢的第一步是，父母進一步深入理解所謂的性格優勢。將正向心理學關於性格優勢的測驗「VIA個人性格強項測驗（VIA（Value in Action））」重新整理並簡化後，所列出的二十四種優勢一覽表，是一種可以為此提供幫助的工具。

請父母和孩子一起確認自己有什麼樣的優勢吧！

父母和孩子一起確認！

二十四種「優勢」圖鑑

Peterson, C., & Seligman, M. E. P. (2004). Character strengths and virtues: A handbook and classification. New York:Oxford University Press and Washington,DC: American Psychological Association.
※參考上述的書籍製作（由作者進行翻譯、編排）

1、好奇心

對任何事情都有興趣的
探險家類型
喜歡蒐集情報、發掘新事物！

父母 孩子

- ☐ ☐ 喜歡發現新事物
- ☐ ☐ 腦海中馬上就會浮現「為什麼？」
- ☐ ☐ 對蒐集情報很積極

促使成長的交談法

你發現新事物了呢！

你對各種事物都有興趣耶！

2、求知欲

對於學習新知識、
新能力有很大的欲望

父母 孩子

- ☐ ☐ 連知道的事情也會深入了解、調查
- ☐ ☐ 喜歡學習的機會和場所
- ☐ ☐ 喜歡學習不知道的事情

促使成長的交談法

很有耐心的調查得很清楚

真是個萬事通！

3、創造力

擅長想一些獨創的東西！

父母 孩子

- ☐ ☐ 喜歡思考新點子
- ☐ ☐ 會對一直以來的做法做些巧思
- ☐ ☐ 擅長想出會讓大家嚇一跳的點子

促使成長的交談法

是沒聽過的點子呢！

虧你想得到！

4、綜觀局勢的能力

可以用開闊的視野
來看待事物和思考將來

父母 孩子

- ☐ ☐ 能夠給予朋友良好的建議
- ☐ ☐ 會仔細觀察周圍
- ☐ ☐ 能夠思考遠大的目標

促使成長的交談法

連之後的事情都有考慮到呢！

會為大家著想，真貼心！

5、靈活的大腦

能夠從其他的角度思考事情，並冷靜的做出判斷

父母 孩子

□ □ 能接受各種不同的意見

□ □ 不會輕易斷定，會思考「真的嗎？」

□ □ 不會跟著情緒走，能保持理性

促使成長的交談法

你很冷靜呢！

總是提出值得參考的意見。

6、誠實

對自己和周圍的人都很誠實，而且有很強的責任感

父母 孩子

□ □ 總是會確實遵守約定

□ □ 不會說謊

□ □ 會對自己的心情和行動負責

促使成長的交談法

你總是對自己很誠實呢！

你很值得信賴唷！

7、熱情

既活潑又熱情！做事情不會半途而廢

父母 孩子

□ □ 總是充滿朝氣

□ □ 無論是面對學習或是玩樂，都會全力以赴

□ □ 會很活潑的尋找令人興奮的事情

促使成長的交談法

只要跟你在一起，就能打起精神

總是精神充沛呢！

8、堅持不懈的能力

一旦開始，就會堅持做到最後的能力

父母 孩子

□ □ 能夠勤奮的不斷學習

□ □ 會用百分之百的力量去做決定好的事

□ □ 就連困難的事情也會堅持到底，不會輕言放棄

促使成長的交談法

做得很好呢！

努力到最後，真厲害！

9、勇敢、勇氣

面對困難的事情，也能夠相信自己，勇於面對

父母 孩子

□ □ 不會害怕面對新的挑戰

□ □ 座右銘是「總之就做看看」

□ □ 就算遭到反對，也會認為自己是對的

促使成長的交談法

能夠有自信的採取行動呢！

很有挑戰的勇氣！

10、愛心

喜歡並擅長與他人產生共鳴，以及友好的相處

父母 孩子

□ □ 能夠珍惜家人和朋友

□ □ 只要和喜歡的人待在一起，就會很安心

□ □ 覺得周圍的人幸福就是自己的幸福

促使成長的交談法

和你待在一起就覺得很溫暖

謝謝你總是跟我這麼要好

11、與人相處的能力

擅長理解對方，而且跟每個人都可以順利相處

父母 孩子

□ □ 跟各種類型的人都能夠相處得很好

□ □ 擅長傾聽

□ □ 能夠察覺朋友的心情

促使成長的交談法

謝謝你總是會和我聊天

你都能顧慮到大家的心情呢！

12、體貼

親切且善於照顧他人的支持者

父母 孩子

□ □ 當他人遇到困難時，會毫不猶豫的出手幫忙

□ □ 做善事會感到幸福

□ □ 喜歡使人歡笑

促使成長的交談法

幸虧你有注意到，真是幫了大忙！

謝謝你總是對我這麼好

13、公平

能夠平等對待每個人

父母 孩子

- □ □ 重視每一個人的意見
- □ □ 認為偏袒是不好的行為
- □ □ 無法原諒歧視和偏見

促使成長的交談法

真值得信任！

真為大家著想！

14、團隊合作

能夠在眾多的同伴中，自在的行動，使事情進展順利

父母 孩子

- □ □ 會為了同伴思考自己能做的事情
- □ □ 認為大家同心協力很重要
- □ □ 和大家一起加油就會很有幹勁

促使成長的交談法

和你一起的話就能做到！

只要和你一起，我就能夠努力！

15、領導能力

能夠在眾人中帶頭行動

父母 孩子

- □ □ 能委以重任的事情很多
- □ □ 擅長團結大家往前邁進
- □ □ 經常被依賴

促使成長的交談法

謝謝你讓大家團結

真可靠呢！

16、心胸寬闊

對於錯誤和失敗，也能夠寬恕及原諒

父母 孩子

- □ □ 就算遇到討厭的事情，也能夠拋諸腦後
- □ □ 就算遭遇到不好的事情，也不會想要報復
- □ □ 不會說怨言和髒話

促使成長的交談法

謝謝你原諒我！

心胸真寬大呢！

17、自制力

能夠忍受誘惑，
控制自己的言行

父母　孩子

- ☐ ☐ 不違反規則和禮節
- ☐ ☐ 想偷懶的時候，也會將該做的事情做好
- ☐ ☐ 就算不順心，也不會發脾氣

促使成長的交談法

「真有意志力！」

「你總是很腳踏實地的努力」

18、深思熟慮

能夠遠離失敗和危險，
謹慎的行動

父母　孩子

- ☐ ☐ 行動之前會仔細思考
- ☐ ☐ 擅長制定計畫
- ☐ ☐ 在行動之前，會仔細的觀察周圍

促使成長的交談法

「你很冷靜呢！」

「你都會仔細思考後再行動耶！」

19、謙虛有禮貌

做事總是小心謹慎，
不會表現出驕傲自大的樣子

父母　孩子

- ☐ ☐ 對於他人的成功，會打從心底感到開心
- ☐ ☐ 會察覺他人的優點
- ☐ ☐ 會坦率的承認自己的錯誤

促使成長的交談法

「我覺得你不會自大這點很好」

「你很擅長找出朋友的優點呢！」

20、感謝

會注意到事情好的一面，
並抱持著感恩的心

父母　孩子

- ☐ ☐ 自然而然就能說出「謝謝」
- ☐ ☐ 會珍惜自己受到的恩惠
- ☐ ☐ 覺得是託大家的福，自己才能夠這麼努力

促使成長的交談法

「你很擅長道謝呢！」

「會注意事情好的一面！」

21、希望

對未來充滿希望

父母 孩子

- □ □ 抱持著「不會有問題，船到橋頭自然直」的想法
- □ □ 能夠抱著相信未來的態度而努力
- □ □ 會努力使好事發生

促使成長的交談法

擁有夢想真的很棒！

真積極！

22、感受到美好的能力

能夠找到所有事物的美好和優點

父母 孩子

- □ □ 看到漂亮的事物就會打起精神
- □ □ 在日常生活中，也會找到並享受美好的事物
- □ □ 喜歡山、天空和大海等大自然

促使成長的交談法

你的內心真充實！

品味真好！

23、相信看不見的力量

能夠感受到自己生活在巨大的洪流或廣闊的世界中

父母 孩子

- □ □ 相信眼睛看不到的事物
- □ □ 喜歡教會、神社和寺廟
- □ □ 對於已故的親戚也會有深刻的感觸

促使成長的交談法

你擁有很強烈的感受能力！

能夠珍惜看不見的力量呢！

24、幽默感

喜歡笑、有童心，擅長娛樂他人

父母 孩子

- □ □ 擅長利用言行舉止引人發笑
- □ □ 非常喜歡娛樂他人
- □ □ 無論情況多嚴峻，都會試圖找出希望

促使成長的交談法

你總是這麼開朗！

和你在一起很快樂！

發掘無自覺的優勢

看完這些優勢後，是否找到孩子和自己的「優勢」了呢？

請從勾選最多的前五個「優勢」中，判斷出哪些是讓你覺得「很有自己的風格」，可以為自己增加特徵的優勢。

在本協會舉辦的講座中，介紹這二十四種優勢時，經常會有許多人驚訝的表示：「什麼？這也算是優勢？」這就是因為他們並不了解所謂的「優勢」。在知道優勢的種類和意義後，人們就能夠理解每一個人都具有各種不同的優勢。

即使利用「二十四種『優勢』圖鑑」進行確認，仍然覺得「找不到自己的優勢……」、「還是覺得不太清楚」的人，可能是有「尋找優勢的障礙」。各位還記得「負面偏誤」嗎？比起好事，我們更容易將注意力放在做不到的事情，或做不好的事情上。因此，父母經常不自覺用負

重點6

面資訊掩蓋孩子的優勢。為了擺脫負面偏誤、發現孩子的優勢，在日常生活中，必須以「孩子的優勢是什麼呢？」的角度，仔細的觀察孩子。也就是說，要戴上可以找出優勢的「優勢眼鏡」。

性格上的優勢並不是肉眼就能看到的，所以可能會覺得很難確定。不過，只要仔細觀察孩子的言行舉止，就會發現許多跡象。

此外，除了負面偏誤外，有時將優勢藏起來的遮眼布，會蒙蔽父母的眼睛，這個遮眼布通常會出現在「父母無意中在孩子身上，看到自己難以接受的性格」的時候。

例如，我很不喜歡自己容易害羞的個性，甚至曾有過無法接受的時候。受此影響，在看到女兒需要花大量時間融入新環境的樣子時，萌生出：『我必須做點什麼！』的想法，並反覆摸索消除弱點的方法。然而，有一次我突然意識到「我是在女兒身上，看到自己不被接受的特質」。從那之後，我了解女兒願意花時間融入的行為是一種真誠懇切的表現，並將其視為她的優勢之一。

在孩子身上看到造成自己感到自卑的性格時，父母一般都會覺得很難接受，但就像我女兒的例子一樣，那些性格其實可能表現出孩子的「優勢」。各位是否在不經意間，用自卑的偏見來看待孩子了呢？請仔細思考後，試著用新的角度來觀察孩子。

為此，以下將介紹三個發現優勢的重點。

發現優勢的重點① 將注意力放在「做得很好×做很多次×充滿能量」

研究優勢的最高權威，英國心理學家艾力克斯・林利（Alex Linley）博士表示：「優勢並非單純可以把事情做好，而是指感受自己的能力後，充滿能量的發揮出最大限度，並取得最好的成果。」

此外，澳洲墨爾本大學博士莉亞・沃特斯（Lea Waters）表示，在

「做得很好（擅長）」、「做很多次（頻率）」、「充滿能量（熱情）」這三點重疊的地方，就能發現孩子優勢。這個方法不僅限於性格上的優勢，也能用來尋找技能上的優勢。這三者是決定「優勢」的關鍵，缺一不可。舉例來說，「雖然很擅長，也能做得很好，但只要一做就會感到疲憊」，就不能說是「優勢」。

發現優勢的重點② 試著詢問身邊的人

很多人不知道自己的優勢，但卻很了解他人的優勢。詢問身邊的人自己的優勢時，有時得到的答案與自己預想的差不多，有時則會得到預料之外的答案。如果詢問好幾個人，都得到相同的答案，那就表示周圍的人都接收到了這個優勢；若是得到不同的答案，就代表增加了自己沒有發現的新優勢。

在告訴孩子時，他們可能會討厭特定的優勢，直接表示：「什麼……我不喜歡！」遇到這種情況時，請告訴他們這個優勢帶給自己或他人的良好影響有多麼的多。例如，孩子對他人給予「真認真」這個評價感到抗拒，認為「認真很掃興」、「很無聊」時，請告訴他們「認真」帶給自己和他人的積極影響，像是「認真是指一心一意的對待每件事物，並得到他人的信任」。如此一來，他們就會將「認真」視為自己的「優勢」，並喜歡擁有認真特質的自己。

發現優勢的重點③ 回想成功時的「優勢」

請試著回想一下，孩子或你自己成功完成某件事的時候。接著，請思考一下，當時是使用什麼樣的優勢。在事情順利進行時，大部分的情況下，人們都會下意識發揮出優勢。

當看到一個孩子在棒球隊或學生會表現活躍，同伴們都很景仰他時，馬上就可以清楚得知，這個孩子的優勢是領導能力和團隊合作。當然，在日常生活中也有不順利的時候，但只要將做得好的事情蒐集起來，就能從中發現孩子的優勢。

重點 6

注意到個別「優勢」的交談法

在找到「優勢」後，接下來是將這個優勢告訴孩子。這個步驟的訣竅是，**配合「優勢」來進行談話**。

以下舉的例子是我有一次帶女兒去公園玩時發生的事情。那天，我們在公園的河川旁，遇到正試圖抓到蝌蚪的三姊弟。最大的姊姊努力試著徒手抓住蝌蚪的時候，告訴我：「我們已經抓了一個小時，但都抓不到。」而年紀較長的弟弟則是利用空的寶特瓶倒水，讓蝌蚪游向姊姊的方向。

過了一會兒，最小的弟弟詢問待在稍遠處的媽媽：「有沒有捕昆蟲的網子？」不知道是不是因為目前為止的方法都抓不到，所以想出了其他辦法。不久後，三個人總算順利抓到蚪蚪，他們的臉上都露出了滿足的笑容。

假如各位是這三姊弟的媽媽，看到這樣的情景，會分別跟每個孩子說什麼呢？若只是說一句：「抓到蚪蚪真是太好了！」就失去了傳達優勢的機會。如果要採取關注「優勢」的交談法，那就要跟姊姊說：「妳沒放棄，堅持到最後呢！」由此表達出她的優勢是不斷努力的能力；接著，要跟幫助姊姊的弟弟說：「你在幫忙姊姊方面做得很好！」如此就能傳達出他具有團隊合作的優勢；最後，則是要告訴最小的弟弟：「你想出新的點子很棒！」這樣就可以讓孩子知道自己具有創造力的優勢。

如上述例子所示，**請留意觀察每個孩子面對相同目標時個別採取的行**

重點 6

關注孩子「優勢」的交談法

就算是在做一樣的事情，每個孩子表現出來的「優勢」也會因人而異。交談的內容根據每個孩子來調整，就能有效提升這些優勢。

優勢
團隊合作
利用寶特瓶將蝌蚪引導至姊姊方向的大弟。
使優勢成長的談話法
你在幫忙姊姊方面做得很好！
媽媽
優勢
努力不懈的能力
連續一個小時努力抓蝌蚪的姊姊。
使優勢成長的談話法
妳沒放棄，堅持到最後呢！
媽媽
優勢
創造力
最小的弟弟想到用捕昆蟲的網子來抓蝌蚪。
使優勢成長的談話法
你想出新的點子很棒！
媽媽

動，並具體告訴孩子，他們進行時的過程和使用的優勢。為什麼要這麼做呢？原因在於，一個優勢在了解之後，愈是使用，就會成長得愈強大。父母找出孩子的優勢後，用言語告訴他們，孩子會因為「有人會注意自己的行動」、「有人發現我的優點」而感到愉悅。

有時「優勢」也會表現在問題行為上

有時也會出現自己的優勢讓身邊的人感到困擾的情況。例如，過度表現出「幽默」優勢，導致別人怒氣沖沖的說：「別開玩笑了！」或是過於使用「謙虛」優勢，默默的收回自己的意見，結果被他人責備：「你沒有意見嗎？」在這些情況下，孩子會覺得自己的能力遭到否定，但問題其實不在於自己的優勢，而是在於展現的方式。

重點6

我以前在理念學校工作時，遇到一個具有領導能力的孩子。有一天，在進行某個企劃時，那個孩子為了引導大家努力的下達指示，但周圍的孩子卻「感覺自己被命令了，很不舒服」。

遇到這種情況時，周圍的大人請不要為孩子貼上負面標籤，而是要想：『這孩子雖然擁有領導能力的優勢，但不小心用過頭了！』因為人們會自然而然的發揮出優勢，常常會出現使用過度的情況。

這時最重要的，是要詢問本人的心情和行為背後的意圖，像是跟孩子說：「謝謝你總是利用自己的領導能力來帶領大家，之前那件事也多虧了你。但這次你對大家下達很多指示，導致大家都很不愉快，你覺得為什麼會這樣呢？」接著，再告訴孩子其他的展現方式，例如「領導能力不僅僅是帶領，還要考慮並注意大家的心情」，也會為孩子帶來幫助。珍惜孩子的優勢固然重要，但也要讓他們藉由經驗學習在不同的情況下要如何發揮、發揮多少自己的優勢。

藉由經驗和適當的談話，孩子就會逐漸學會應該如何發揮出自己的優勢。

無法發揮出優勢時

與過度使用（overuse）優勢相反，經常會出現無法發揮出（underuse）優勢的情況。遇到這種情況時，**可以培養無法發揮出來的優勢，或者活用其他的優勢來幫助解決問題。**

以小學三年級的艾瑪為例，艾瑪非常喜歡動物，想擔任班上的生物股長，但最後沒能鼓起勇氣舉手表達自己的意願。在這種時候，如果發揮出「希望」優勢，讓自己的腦中出現「當生物股長一定會很快樂」的想法，應該就有勇氣舉手了吧！也就是說，以「希望」這個優勢來取代原本沒能發揮出的「勇氣」優勢，進而解決問題。這二十四種優勢雖有強弱之分，但不管是哪一種優勢，任何人都可以擁有和培養。所以，如果無法發揮特定的優勢，可以利用其他優勢，或是進行一些活動來發展、使用這項優勢。

重點6

將「隱藏優勢」告訴低自我肯定感的孩子

至今為止，從普通班級到輔導教室，我對處於各種環境和心理狀態的孩子進行心理彈性教育。

其中有些孩子對自己非常沒有自信，即便告訴他們「你的優勢在這裡」，他們也難以接受。在這種情況下，告訴他們：「其實在你感到討厭等負面情緒的事物中，也隱藏著優勢喔！」有時會成為談話的契機。

例如，易怒、固執的人從另一方面來說，是充滿熱情、具有強烈正義感的人。沒有自信的人，反過來說是會時時審視自己、踏實的檢討自己的人。愛操心的人，可以說是非常謹慎、細心，具有前瞻性，能夠瞻前顧後的人。

請告訴那些對自己抱持著負面情感的孩子「你們認為是缺點的地方，只要改變視角，就能發現好的一面」。堅持不懈的重複這一點，孩子就會接受自己的「優勢」。

此外，國高中生如果曾在表現出自身能力時遭到否定，就有可能無法順利找出自己的優勢，因為那些優勢大多都已經被埋沒。請務必和孩子一起挖掘出被埋沒的優勢。

重點 7

增加親子間的羈絆

為了過上幸福、穩定的生活，就必須和周圍的人建立良好的關係。事實上，有很多報告指出「高幸福感的人擁有良好的人際關係，而且會過著活躍的社會生活」。

此外，美國哈佛大學的兒童發展中心（Center on the Developing Child）表示：「培養孩子的心理彈性最重要的要素，是父母、養育者或其他的大人中，至少有一個人與孩子建立深厚、穩定的關係。」就像這次的新冠疫情，在不得不改變過往的價值觀和生活方式的艱難時期，只要擁有互相聯繫的羈絆，我們就能克服逆境，從巨大的傷痛中重新振作。

那這種羈絆是如何成長茁壯的呢？接下來，讓我們一起來看看培養出強健內心的親子羈絆。

父母會成為孩子的避風港

「依附」原本是指嬰兒和養育者之間產生的羈絆，這是英國心理學家兼精神分析學家約翰・鮑比（John Bowlby）所提倡的詞彙。

穩定的依附關係會培育出人們的信任感和安心感。所謂的信任感是指「認為這個世界是一個令人安心的地方，無論遇到什麼困難，都能得到幫助」，並且會對之後的發展和人際關係產生很大的影響。建立穩定依附的孩子，在長大成人離開父母身邊時，即使面對令人不安的事情，也能在內心穩定的狀態下採取行動。

在建立穩定的依附關係時，孩子透過自己發出的訊號得到回應的經

重點 7

驗，從養育者身上感受到特別的聯繫；例如「擁抱」等身體接觸，以及「肚子餓大哭時，就可以得到餵食」等。在反覆得到這些經驗後，嬰兒內心就會確定自己的養育者是個安全可靠的存在，接著他們就會離開養育者的身邊，往外探索。

美國心理學家瑪麗・愛因斯沃斯（Mary Dinsmore Ainsworth）曾表示，建立穩定依附的養育者，其存在就是「避風港」。人類這種生物，本身就會渴望探究自己感興趣的事物。孩子會從避風港出發，去向外探索自己感興趣的事物，以及挑戰新的事物，一步一步的拓展他們的世界。

養育者要在稍遠的地方觀察孩子發展的樣子，在孩子需要時出手幫助他們，同時也要關注孩子冒險的情況，絕對不可以擔心的跟在孩子後面，也不能過度插手或搶先一步幫孩子做好。養育者要作為一個堅實的港口，讓孩子在需要時，隨時都可以協助。在養育者的關注下，孩子會獲得重整自己的情緒，並再次振作的經驗。也就是說，在感到安心的同時，也培養出了克服困難的能力。隨著孩子的成長，養育者關注孩子走向廣闊世界的機會愈來愈多，因此，或許也可說是在考驗養育者「對孩子的信任」。

當然，孩子在冒險的過程中，也會遇到不順利或感到不安的情況。**「只要回到避風港，就會有養育者擁抱並理解自己」、「如果說要出去冒險，養育者就會相信並關注自己」，透過累積這些經驗，孩子會對養育者產生信任感**，而且這不僅限於嬰幼兒時期。

因此，希望各位可以在「歡迎回家」、「路上小心」中傳達上述的訊息。

重點 7

人際關係急遽變化的三個關鍵

當孩子離開養育者，開始經營社會生活後，接下來，與朋友或同事的人際關係，將會對心理彈性產生很大的影響。

博尼韋爾博士表示，在這個時候，希望孩子可以學會並作為建立良好人際關係的重要因素，是「謝謝」、「寬恕」和「同理心」。

經研究證實，「謝謝」這種感謝的心情具有許多優點。美國加利福尼亞大學戴維斯分校的正向心理學家羅伯特・埃蒙斯（Robert A. Emmons）的研究顯示「比起沒有感謝之意的人，心懷感謝之意的人，更能感受到喜悅、熱情、愛、幸福，以及樂觀等正向情緒，而且能有效應對每天的壓力，在遭遇更強烈的壓力時，也能展現出更高的恢復力」。

也就是說，目前已經得知在日常生活中抱持著「謝謝」的心情，不僅可以產生正向的情緒，還有助於提高心理彈性。

為了培養出這種感謝之情，首先父母必須樹立一個好榜樣。

例如，孩子願意幫忙時，要對他們說：「謝謝你注意到媽媽很忙，過來幫媽媽的忙。」而不是：「你主動來幫忙很了不起呢！」請告訴孩子他擁有「體貼」這個優勢，並對他表示感謝之意。哪怕只是件小事，也要找到機會對孩子說「謝謝」，只要反覆的對孩子這麼說，他們就會養成自己說「謝謝」的習慣。如此一來，對於日常生活中瑣碎的小事，孩子也會抱持著感謝之意，不會將之視為「理所當然」。

建立人際關係的第二重要因素是「寬恕」。寬恕是一個很難的課題，尤其是在進入青春期後，朋友關係也會變得更加複雜，會遇到很多培養寬恕能力的機會。當遭受背叛或屈辱時，大部分的人都會選擇逃避或報復對方，而破壞了與他人的人際關係。原諒不合理的行為，對任何人來說都不是一件容易的事。如果孩子回家後表示：「朋友說了一些討人厭的話！我不會原諒他的！」父母應該怎麼幫助他比較好呢？在關於

重點7

寬恕的研究中指出，寬恕會對青春期孩子的心理健康帶來影響。原諒他人會減少內心想要報復的欲望和憤怒的情緒，能夠增強心理健康。首先要讓孩子知道，寬恕這件事對大人來說，也是件困難、複雜的事，而且也要告訴他們，原諒並不表示認同這種行為，而是由自己來決定不要繼續陷入不能原諒、想要報復的情緒中。另外，培養以下介紹的同理心，也有助於讓孩子從他人的角度看待事情，並進一步培育出寬恕能力。

建立人際關係的第三重要因素為「同理心」。「同理心」是指從對方的肢體動作、言語、做出的行為，來感受、理解對方的心情。

其中最重要的是，仔細傾聽對方說話。即便我們知道傾聽的重要，有時也會不小心在孩子話還沒講完前，就提出意見，或是忽略孩子的感受，一心想著要盡快解決問題。

然而，仔細傾聽孩子說話，認同他們的感受，幫助他們調整情緒並克服困難的情況，才能培養孩子理解他人心情的能力，也就是所謂的同理心的能力。

而且，認真傾聽本身也會給予訴說者很大的幫助。心理彈性研究最高權威平野真理老師指出「構成心理彈性條件天生較少的人，可經由他人傾聽自己說話得到支持，並做好聽取建議的準備，也就是說，能夠做好處理問題的準備」。

由此可知，有人願意傾聽自己說話，就等於在避風港中補充能量。

盡全力接收開心的事情

當孩子向父母分享開心的事情時，父母的反應也會對自己與孩子之間的信賴關係產生很大的影響。根據美國心理學家雪莉・蓋博（Shelly Gable）博士的研究可得知「在接收對方正向情緒的分享時，露出開心的表

重點 7

情，一起感到喜悅，並感興趣的對那件事詳細提問的反應，會讓其對自己產生信賴關係」。

大部分父母每天都過得很匆忙，當孩子分享開心和快樂的事情時，都會用「太好了」、「你真棒」等簡單的反應來解決，或是以「不要做那種事了，快去寫作業」等反應來否定孩子的喜悅，有時還會用「那又沒什麼大不了的」這種話來輕視他們的快樂。然而，若是要增加孩子的正向情緒，讓孩子對自己抱持著信賴感和好感，在他們分享開心的事情時，就要好好的抽出時間，與他們近距離對視，邊點頭邊表示感興趣，並一起感覺開心的情緒。

為了讓孩子更容易開口，可以詢問：「今天有什麼開心的事嗎？」請不要吝於展現、甚至可以誇張的對孩子發生的好事感到開心，並用很有興趣的模樣去傾聽，和孩子一起品味那些對他們來說有價值的事物。

從交談中建立可讓孩子說出「幫幫我」的關係

感受到家裡和學校有自己的位置，並知道在緊急情況下有可以信賴的人，對穩定孩子身心來說是不可或缺的條件。

一項腦科學的研究報告指出，遭遇社會排斥感受到的痛苦，可能與腿部骨折的程度一樣。覺得孤獨、痛苦的人愈來愈多，這一點在已開發國家已成為一大課題。

當我在教導孩子心理彈性課程時，我一定會告訴他們：「每個人都有需要幫助的時候，能夠尋求幫助是一件非常勇敢的事情。」

有些孩子的心中認為，遇到什麼問題時，「必須想辦法自己解決」、「不能讓父母擔心」。理由五花八門，例如不想表現出自己的弱點、不想讓人覺得自己很奇怪、不想挨罵等，但最終可能會使問題更嚴峻，甚至會損害孩子的身心。

重點7

要防止出現這種情況，就像前面所說的，要事先告訴他們「能夠尋求幫助是一件非常勇敢的事情」，而且為了使孩子能夠做到這點，要建立一個能夠讓他們安心的關係作為基礎。

不僅侷限於家庭，只要能夠在與他人的關係中，感受到心理方面的安全感，孩子就更容易開口尋求幫助。最重要的是，平常就要傾聽孩子的聲音，無論什麼樣的想法或心情，都不要給予批評、否定，而是要直接完整的接受，維持「不管發生什麼事，我都站在你這邊」的態度，這樣才能建立一個讓孩子的內心感到安心的關係。

父母的正向情緒會成為幫助孩子的力量

養育孩子會帶來許多快樂，但同時也有很多感到辛苦的瞬間。事實上，有一個以兩百六十位法國媽媽為對象的研究顯示，百分之二十的媽媽曾有過職業過勞的經驗。在日本也是，產後憂鬱症和育兒精神衰弱症是很嚴峻的社會問題。

另一方面，經研究發現「媽媽培養自己的正向情緒，可以緩和自己的負面情緒對孩子造成的影響」。這是針對孩子四到五歲和四年後八到九歲時的育兒壓力進行研究調查的結果。研究人員觀察媽媽與孩子一起遊戲的樣子，並測量孩子的正向情緒，以及媽媽對孩子的反應有多敏銳（事實證明，媽媽敏銳的對孩子的言行做出反應，並給予必要的幫助和照顧，會對孩子的發展產生很大的影響）。結果顯示，學齡前兒童的媽媽，如果壓力較大，四年後在與孩子玩耍時，只要一覺得有壓力，就會

重點 7

對孩子失去敏銳度。另一方面，感受到正向情緒、覺得幸福的媽媽，其壓力與應對孩子的敏銳度之間，沒有任何關聯。

換句話說，媽媽自身的正向情緒會發揮出緩衝壓力的作用，也可以說是具有保護孩子的作用。正向情緒建構了身體上、智力上、社會上，以及心理上的資源。即便有壓力，仍擁有高度正向情緒的媽媽，在與孩子待在一起時，可能會利用這些構築出來的資源。

在養育孩子的過程中，每天都拚命的想辦法應付忙碌的生活，不知不覺就會將原本用在自己身上的時間用在了其他地方。不過，當得知媽媽累積正向情緒，對幫助孩子有益時，各位會作何反應呢？請珍惜能夠滿足自身內心的小小幸福時刻，例如向某人表達謝意或是去公園散步等，並經常溫柔的鼓勵自己「妳很努力了呢」。

第 2 章

實踐！

利用交談的方式培養出克服困難的孩子

實例 1

不想去學校、在學校遇到討厭的事情……孩子感到沮喪的時候

「為什麼不去學校？
只要去了就會覺得很開心喔！」
「沒有必要在意那種事情啦！」
「該怎麼辦啊……（一起心情低落）」

「謝謝你跟我說。」
「你想不想跟其他人說說這件事情呀？」
「原來如此，那你好好休息吧！」

解說

「感謝對方來尋求幫助」是第一步

當父母從孩子的口中聽到：「我再也不要去學校了！」時，可能會感到驚訝和苦惱。其實在說出口前，孩子的內心深處應該早已煩惱許久，大部分情況下，都是在煩惱很久之後，才有辦法對父母開口。但對父母來說，這無疑是件讓他們晴天霹靂的事情。父母可能會追根究柢的問：「為什麼？發生什麼事了？」或是反射性的脫口而出：「只要去了就會覺得開心了吧！乖乖的去上學！」等。

此外，孩子有時候會因為在學校發生不愉快的事而感到沮喪。就連這種時候，許多父母也會不自覺的嘆氣表示：「那種事不要在意不就好了嗎？」、「這麼簡單的事你自己處理就可以了吧？」急於擺脫不安和焦慮情緒，或是說些冷淡無情的話。有時甚至還會跟孩子一起苦惱：「該怎麼辦呢……？」

請各位絕對要忍住，不要說出上述那些話……，首先，應該要對孩子鼓起勇氣告訴你這件事表示感謝。因為孩子能夠和父母與家人談論自己的煩惱及問題，是一件非常重要的事。並不是只有不依靠任何人、獨自解決所有事情才叫做堅強，能夠向他人透露自己的煩惱或弱點，也可以算是一種堅強。

接下來，請認真傾聽孩子的感受。有時候，連孩子本身都不清楚自己不想上學的原因，而且對於今後會變成什麼樣子，感覺最不安的應該是他們本人。因此，要完全接受這些不安和不確定的心情，告訴他們：「原來如此，那你好好休息吧！」最重要的是，父母必須牢記，孩子本來就具有自己重新振作的能力。父母看著孩子經歷痛苦的樣子時，內心也不會好受，但如果有父母在情緒方面的保護和支持，孩子一定能夠克服這些困難。

在我還是學生的時候，我也曾經拒絕上學，當時的老師對我說「我不擔心你，但我很在乎你」。因為覺得「老師相信我有重新振作的能力，不會拋棄我」，所以我感到非常放心。

孩子對於大人言行背後的動機很敏感。大人在言行中傳達出相信孩子有能力重新振作，這些話語和行動就會在孩子的心中轉換成「他相信自己」的能量；相反的，大人出於不安所採取的言行，在孩子的心中就像是在說「我不相信你的能力」，並導致孩子認為自己沒有重新振作的能力。

另外，隨著年齡的增長，孩子雖然不想對父母傾訴，有時卻可以跟稍微有點距離感的人訴說煩惱。因此，要告訴他們，除了父母以外，也有能夠商量的人或機構：「也有人很擅長幫忙整理思緒，你要不要跟那種人聊聊呢？」

實例 2

對於轉學、升學或重新分班等環境變化感到不安時

✕

「不用擔心，很快就會習慣了。」
「這也沒辦法啊！」

「面對較大的變化時，無論是誰，都會感到不安。不是只有你才會這樣喔！」

「那真的會很不安耶……但在新的環境應該也會遇到開心的事情吧？」

解說

讓孩子將注意力轉向好的一面

因為父母的關係轉學，或是到一個完全陌生的學校上學時，孩子的內心會充滿對新環境的不安，以及因為與朋友分別而感到悲傷等。在升上新的年級面臨重新分班、必須與好朋友分開時，也有不少孩子會感到情緒低落，滿腦子都是「朋友都跟我不同班，我該怎麼辦」。

如果內心充斥著這些負面情緒，就不會注意到新環境也有好的一面。而進入新的環境對孩子來說也是一個很好的機會，能培養克服巨大變化的能力。

首先，建議父母告訴孩子：「你當然會這麼覺得囉！」、「我懂你的感受」以此來接受他們不安的心情。接著，為了讓孩子察覺正向的一面，向他們提問：「在新的環境有什麼好玩的嗎？」對某些孩子來說，在變化中尋找自己也能做到的事情，例如，與父母一起研究在新環境能夠體驗到的有趣事物，或是思考可以跟分開的朋友開心交流的方法等，就能夠積極面對眼前的變化。平時多多詢問孩子可以讓他們將注意力放在正向方面的問題，像是「今天有什麼事情做得很好嗎？」有助於養成孩子關注好的一面的能力。

升到小學高年級的時候，後設認知也會逐漸成長，可以開始挑戰將注意力放在事物正向的一面。馬丁・賽里格曼（Martin E. P. Seligman）博士提倡的想法是「培養堅強內心的重要條件之一，是要擁有在發生令人討厭的事情時，能夠以『樂觀解釋的風格』來看待的能力」。**樂觀解釋風格是指，即便面對的是**

實例2

令人不愉快的事情，也能用以下的思考方式來看待：「①原因不只在於自己，也包括環境在內的各種因素（不將責任都放在自己身上）、②遲早會解決造成這個情況的原因（暫時性）、③不會有太多事物受到影響（限定性）」。

舉例來說，如果面臨的情況是「新的班級沒有我的好朋友」，就正向積極的想：『雖然還沒交到朋友，不過之前聽表弟小優說，他在搬家後也有一段時間沒能交到朋友，所以並不是只有我會這樣。就算沒辦法馬上有朋友，但總有一天還是會交到朋友的，而且在才藝班可以見到好朋友。』相反的，悲觀解釋風格會認為是因為自己的關係才會發生討厭的事，而且這件事會持續一輩子，不會有所變化，對其他事情也會產生影響。

為了幫助孩子養成樂觀解釋風格的習慣，父母要以上述賽里格曼博士提出的三個重點為基礎，與孩子討論負責的範圍，例如「這個部分是你的責任，但那個部分並不是你的問題喔？」或是從不同角度告訴孩子「事情不會一直這樣」、「這並不表示所有事情都會一起完蛋」，引導他們採取樂觀解釋風格。

實例 3

在學校沒辦法發表意見、無法對朋友說出想說的話，不能積極的做某件事時

「為什麼做不到呢？」

「請和○○一樣努力！」

「這麼內向，以後要怎麼辦？」

「仔細思考事情是○○的優點。」
「按照自己的步調就好囉！」
「一起來想想看怎麼辦吧！」

解說

「內向」是謙虛和體貼的另一面

沒辦法順利把想說的話說出口，或是不善於積極的採取行動……這種類型的孩子，常被認為個性過於內向，必須改善。然而，內向的孩子具有能仔細觀察周圍環境、會以尊重他人的意見為前提來表達自己的想法、總是深思熟慮，以及採取行動前會先認真的思考等特質，這些都是非常棒的優勢。

然而，如果對他人過度使用「謙虛」、「體貼」和「深思熟慮」等優勢，經常造成想說的話說不出口、想做的事卻做不了等，忽視自身想法的情況。在這種時候，可以使用其他優勢來彌補部分優勢過度發揮的負面情形，讓孩子在不失去自我個性的前提下改變行動；而且，孩子還能利用自身的優勢幫助解決自己的問題。

首先，**告訴孩子那些是他們的優勢**，像是「能夠慎重的處理是你的優點」，讓孩子知道自己隱藏的優勢，有助於提高孩子的自我肯定感。接著，幫助孩子實現他們真正想做的事。交談內容最好是能夠成為孩子發揮出「勇氣」和「希望」等優勢的契機，幫助他們更貼近想要實現的目標，例如「說了之後，會發生什麼好事呢？」、「採取那樣的行動，你的心情會如何呢？」

順帶一提，**「像〇〇那樣」這種與他人比較的說話方式，並不能幫助孩子發展自身優勢及活用優勢來實現自己的想法**。如果家長不斷將孩子與他人比較，會導致孩子總是用「比其他人優秀」來滿足自己的自尊心，這會讓孩子很難在社會

實例 3

上生存。

如果要比較，就和過去的孩子進行比較。如果孩子希望自己可以鼓起勇氣在眾人面前發言，即使前面失敗了一百次，只要後來成功了一次，就要稱讚他的努力和勇氣。想要減少孩子的問題行為時，也可以在交談中，依照孩子的步調，關注、認同他們做的好事和優良的行為。

此外，有不少溫柔、穩重類型的孩子無法對朋友說出自己想說的話，總是對朋友百依百順。遇到這種情況時，有一種方法是告訴孩子：「要怎麼讓〇〇和你都可以玩得開心呢？讓我們一起來想想看要怎麼辦吧！」並一起思考一些解決對策。接著，幫助孩子一個一個嘗試看看。如果仍然無法解決問題，也可以把這個事件當作一個機會，一邊問孩子：「你想要和什麼樣的人當朋友呢？」一邊學習何謂「好的朋友」。

實例 4

表示「反正我做不到」不願意挑戰時

✕

「你一定做得到！加油！」

「你這個樣子怎麼會有幹勁？」

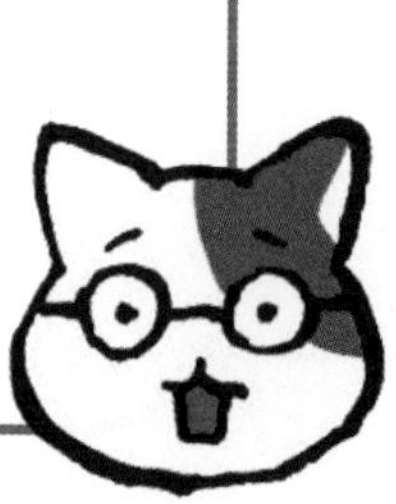

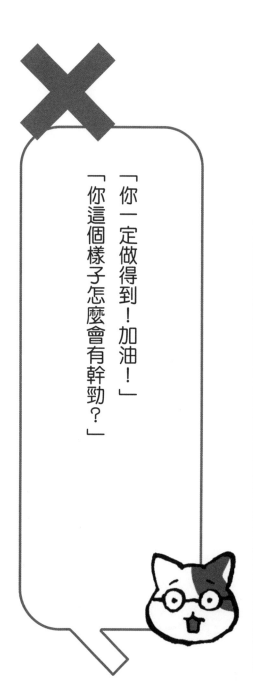

「今天試著做看看做得到的事情吧！」

「一開始先做一件事看看！」

「今天先做五分鐘看看！」

解說

將大目標分割成小目標，累積成功的經驗

有些孩子在挑戰新的事物前，會一直對自己說：「反正我一定做不到……」就像是已經放棄了一樣。出於感到遺憾和想要激勵孩子的心情，父母會鼓勵他們：「不用擔心！你一定做得到的，試試看吧！加油！」

然而，如果從本人的角度來看，覺得目標很遠大時，當然會認為「自己根本做不到」。其中，具有慎重和深思熟慮特質的孩子更容易出現這種情況。

在這種時候，**建議為孩子設定一個他們會覺得「這樣的話應該可以做到」的第一步**。請從設定靠近最終目標的一小步，對孩子說：「一開始先做一件事看看！」、「那今天先做五分鐘看看！」開始。設定的訣竅是只要稍微努力一點就能做到的事情，如此一來，孩子的心態也會變得比較正向一點，心裡會萌生出：『如果只是這種程度的話……』的想法。

當孩子成功跨出這一步時，可以對他說：「挑戰成功！」、「哇！成功了！太棒了！」與他們一起為成功達成這件事而歡呼。只要一步一步、反覆練習這些過程，就能幫助孩子培養出正向看待事物的能力，以及採取行動的動力，促使他們覺得「也許我也能做到」。

身為父母可能會擔心：「這麼做真的可以達成目標嗎？」但是，如果孩子已經努力了卻沒有得到相應的結果，或是有人反覆對他說：「你一直沒辦法做

實例4

好，請不要做了！」那就可能失去挑戰的勇氣，並認為「反正我做什麼都做不好，還不如不要做」。

這個狀態就是第三十三頁介紹的「習得性無助」。「習得性無助」是指反覆累積自己無能為力的經驗，導致不再為解決問題而努力。儘管藉由不同的方法、改變情況或是努力，下次也許就會成功，但他們會一心認為「反正我什麼都做不好」，而逐漸放棄挑戰。

將孩子從習得性無助拉出來的第一步，是告訴他們「失敗並不是因為你的能力不足」。接著，要擺脫習得性無助，首先要讓孩子藉由練習或別的方法體驗成功的感覺。

如前面所述，一步一步的完成小任務、累積成功經驗，孩子就會慢慢產生「自己的『努力』會取得良好的結果」的想法。這就是與習得性無助完全相反的「自我效能」，也是培養心理彈性的重要條件。所以，請不要著急，要從孩子能做到的第一步開始。

實例 5

在重要的比賽或考試中失利而感到沮喪的時候

「不要這麼耿耿於懷！」

「沒關係啦！沒有什麼事情會一直很順利。」

「為什麼做不好呢？因為不夠努力吧！」

「這段時間你很努力了！」
「覺得很懊惱吧？畢竟總會遇到不順利的事情。」
「這次沒做好，那要怎麼做才會順利成功呢？」

解說

接受懊悔的心情，培養自信的交談方式

遇到考試或重要的比賽失利等情況時，如果這件事在人生中愈重要，孩子就會愈沮喪，畢竟已經付出很多努力，當然會感到沮喪和悲傷。不過，不斷責備自己：「我這個笨蛋！」、「我的人生完蛋了！」對於克服痛苦不會有任何幫助。只有接受痛苦和悲傷，並且有體貼自己的能力，才能成為克服困難

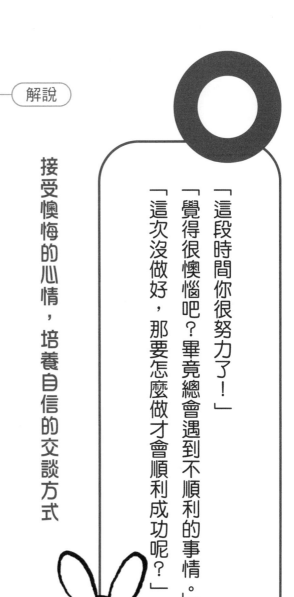

的力量。

雖說如此，但對孩子來說，接受自己的負面情緒並安慰自己，並不是件簡單的事。因此，身邊的大人應該要以深有同感的表情和語氣跟他們說：「很難受吧？」、「你已經很努力了！」、「重要的事情沒做好，覺得很懊悔對不對？」**孩子會將身邊大人對待自己的方法吸收到心中**，如此一來，他們就會慢慢的接受負面情緒，並安慰已經努力過的自己。

之後還要告訴孩子，他們還潛藏著很大的可能性。發展可能性的線索就在於「思維模式」。本書第一百三十一頁已經介紹過「思維模式」，這是一種看待事物的方式，會決定一個人的行動和態度。事實上，目前已經得知，父母如何應對孩子的失敗和挫折，會對孩子的思維模式造成很大的影響。

舉例來說，孩子遭遇失敗時，父母如果漫不經心，隨意的表示：「沒關係啦！你又不可能每一次都成功！」或是反應過度：「這麼簡單的事為什麼會出

實例5

錯？」都是在告訴孩子「你沒有能力可以完成這件事」。於是，孩子就會深信「自己的能力和技能在今後也不會有所成長」。

另一方面，如果父母是對孩子說：「這次沒做好，下次可以怎麼做，才會順利完成呢？」、「失敗會伴隨著成長喔！」則是在告訴孩子「失敗並不能代表他們的能力，之後他們也不會一直失敗下去」，如此孩子就會理解「發展自己的能力，就能獲得成功」。

父母應該採取的態度是「失敗為成功之母，孩子從失敗中學到了什麼」，而不是關注孩子的能力或「是否能做到」。

實例 6

在眾人面前發表報告、考試或比賽之前，快要被壓力壓垮時

「你要堅強起來啊！」

「緊張的話就會失敗。」

「小心不要失敗了喔。」

「緊張是正常的。」
「放鬆……放鬆……」
「一起來深呼吸吧！」

解說

利用言語搭配深呼吸，來放鬆身心

在面臨重大比賽、發表會和入學考試等會對人生產生巨大影響的事情時，孩子不僅要承受自己內心的緊張，還要背負來自父母和周圍的期待，強烈的緊張感也隨之襲來。

在孩子陷入如此緊張的狀態中、快被壓力壓垮時，對他們說：「你要堅強起來啊！」、「好好努力，不要失敗了！」可能會給孩子帶來更大的壓力，將他們逼到走投無路。

其中也有孩子屬於內心強大，不管遇到什麼情況都毫不動搖的類型。但大部分的孩子只要覺得有壓力，就會感到緊張、不安和焦慮，這並不表示孩子很軟弱，而是證明他們了解接下來必須處理的事情有多重要。如果他們覺得眼前的事怎麼樣都無所謂，那當然就不會感到緊張。

重點在於，孩子若會因為緊張而畏縮，就要學會如何重新打起精神。為了讓孩子能表現得更好，利用深呼吸和使人身心平靜下來的交談方式來幫助他們，都可以獲得顯著的效果。

推薦使用「放鬆」這個詞彙。「放鬆」一詞能夠傳達出各種涵義，例如「冷靜一點」、「我知道你很緊張」、「會發揮出實力的，不用擔心」。

在孩子對醫院感到極度恐懼、陷入緊張狀態時，學生在考試前一天緊張到心臟撲通撲通狂跳而完全睡不著時，我經常會對他們說：「放鬆……放鬆……」而且很多時候，在與他們一起練習深呼吸的過程中，孩子的內心就會逐漸平靜下來。

讓孩子想像自己成功的樣子，也是一個很好的方法。例如，一邊對他們說：「事情順利完成時，你通常感覺如何？」、「會是什麼樣的心情？」一邊幫助他們體會正向情緒。

緊張會導致呼吸變淺、肌肉僵硬，身體難以活動。建議在與孩子交談時，同步利用深呼吸和伸展運動，來活動身體。

實例 7

我沒有優點、沒有人需要我……在失去自信的時候

「你在英語考試中，不是一直都是第一名嗎？」

「那就努力到可以做到○○啊！」

「媽媽之前就覺得你很溫柔喔！」

「你沒有打破跟○○的約定，很了不起呢！」

解說

交談時要關注並稱讚孩子「性格中的優勢」

對自己沒有自信，感覺好像沒有人需要自己……所以覺得自己沒有什麼優點。現今的社會也會受到社群網站的影響，有許多孩子會因為與他人比較，或是每天看到某個人總是過得精采又幸運而感到沮喪。即使平常覺得沒什麼，但當自己的情緒不穩定或是感到不安時，就很容易陷入這種想法中。

當父母看到孩子這個模樣時，直覺反應通常是強烈的否定，例如「才沒那回事！」、「你有很多很棒的優點啊！」但是，請稍微等一下再開口。孩子產生負面情緒時，處理的最大原則是完整的接受，而不是去否定這些情緒。首先，父母要對他們說：「你是不是覺得自己沒有什麼優點呢？」來表示自己理解孩子的想法與心情。**如此一來，孩子的內心就會產生「自己的感覺、想法並沒有遭到否定」的安心感**。也就是說，他們會覺得真正的自己得到了肯定。

之後，再將父母感受到的優點告訴孩子，幫助他們察覺到自己的優點。

具體來說，要盡可能詳細的告訴孩子，他在性格上的優點（性格優勢）。關於優勢的部分，可參考第一百四十四頁「二十四種『優勢』圖鑑」的介紹。察覺到自己的優勢，有助於孩子在心中建立自我肯定感。在向孩子傳達他的優勢時，指出他曾經實際發揮出優勢的情形，可以得到更好的效果，例如「之前你不是說要幫助迷路的孩子嗎？那時我真的覺得你很善良。那時候，○○的善良幫助迷路的孩子打起精神了呢！」等。

實例 7

這裡有一個很大的重點，是要將稱讚的範圍集中在孩子性格上的優勢。稱讚技能和能力等方面的優勢，孩子可能會因為那個優勢不是現在的主流，或有其他孩子表現得更優秀，而感到沮喪，覺得「自己果然沒有什麼優點」。相對的，性格上的優勢不會被任何人奪走，也不會受到時代的影響，是只有自己才有的優勢。

與其因為孩子做了什麼好事而去稱讚他們，不如告訴孩子「他本身具有的性格優勢，才能表現出他這個人是很了不起且非常有價值的」。

有時候會遇到已經告訴孩子他們的優勢、但他們卻沒辦法肯定自己的情況。這時，首先要做的是傾聽和接受他們的想法。傾聽孩子說話，就表示接受他們真實的樣子。當內心產生肯定自己的心情時，孩子就會慢慢做好準備，逐漸接受他人的意見。

實例 **8**

嚎啕大哭的時候、發脾氣的時候、完全不聽人說話的時候

「夠了喔！你已經造成別人的麻煩了！」
「為什麼要說這麼任性的話？」
「不要再〇〇！」

「媽媽也需要稍微冷靜一下。」
「我們一起想想看要怎麼做吧！」
「有什麼是媽媽可以做的嗎？」

解說

自己先冷靜下來後，再與孩子交談

孩子因為與兄弟姊妹吵架或是遇到什麼不順心的事而哭個不停、明明必須早點出門，孩子卻悠悠哉哉，絲毫沒有動作……相信作為父母，都一定遇過這種令人困擾的情況。儘管一開始還能冷靜的應對，但如果事態一直沒有好轉，就會不自覺感到煩躁，還會意氣用事的說出平常一直很注意盡量不要說出口的話，例如「你夠了沒！」、「隨便你啦！」、「是要不要去做了？」等。

然而，正如我之前所提過的，培養心理彈性的重要條件之一，是「父母要成為孩子的好榜樣」。父母覺得快要失去自制力時，應該先轉換自己的心情。確保孩子安全無虞後，稍微與他們拉開一點距離，並告訴孩子：「媽媽現在覺得有點煩，所以正在讓自己冷靜下來。」說明自己不是在拒絕他們，而後深呼吸，也可以唱歌或是做伸展操，或是任何適合自己的冷靜方法。孩子看著父母的模樣，就能將父母當作榜樣，學習在被負面情緒淹沒時，應該要如何讓自己冷靜下來。

等自己的內心平靜下來後，再跟孩子說：「久等了，媽媽已經冷靜多了。」如果孩子正在發脾氣，就抱抱他們或摸摸他們的肩膀，幫助孩子穩定情緒，放鬆心情。

若是兄弟姊妹吵架，最好的方式是分別帶到不同的地方，用感同身受的話語來幫助他們。透過把內心的感受轉換成言語，可以幫助平息將孩子壓垮的龐大情感。

等孩子平靜下來後，試著詢問他們需要什麼樣的幫助，例如「要讓事情順利完成的話，有什麼事是我可以幫忙的嗎？」、「有什麼事是想讓媽媽（爸爸）做的嗎？」等。對孩子說：「讓我們一起想想看要怎麼辦吧！」也可以讓孩子的注意力轉向討論出實際的解決對策或更好的應對方法。只要情緒冷靜，也就能做好準備，讓事情在談話中往好的方向發展。

另外，幽默感和笑容有時也可以幫助我們放鬆心情。在發生的狀況中尋找「覺得有趣」的部分，或是用會讓人會心一笑的幽默感，緩和現場的氣氛，使心情放鬆。

實例 9

沒遵守門禁、被發現暗自前往禁止前往的地方等，沒遵守和大人的約定時

「我都說了這麼多次，為什麼還是聽不懂？」

「為什麼都不聽我的話？」

「你不可以再出門了！」

解說

「都已經這麼晚了，我真的很擔心。如果回家的時間比較晚，要先跟我說。」
「媽媽不希望你遇到不好的事。如果可以遵守約定的話，媽媽會很開心。」

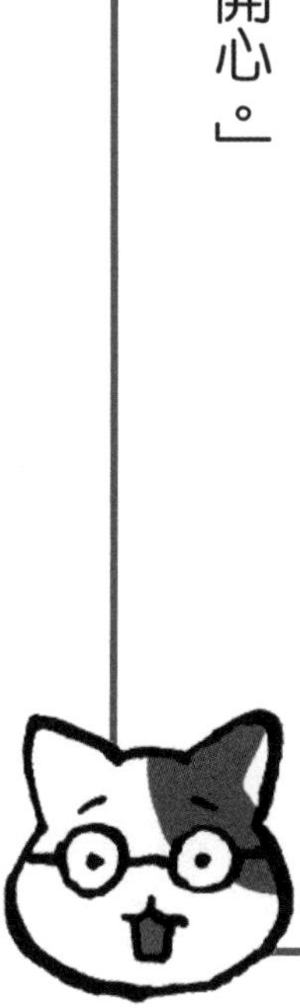

利用「我……」開始的話語來傳達想說的內容

孩子沒遵守門禁，或是跑去一直耳提面命不能自己去的鬧區玩。因為擔心孩子遇到危險，可能導致父母沒辦法保持冷靜，在孩子面前露出情緒激動的樣子。

遇到這種時候，交談的重點是，使用以自己為主詞的「我……」來傳達擔心的心情，而不是以孩子為主詞的「你……」。

這是一種將自己的心情傳達給對方，名為「我訊息」的方法。「我訊息」是指利用「我覺得……」、「我希望……」的句型，以「我」為主詞來傳達自身想法的表現方式。

就像「你是……」一樣，使用主詞為「你」的「你訊息」，很容易呈現出責備對方、指責對方、指示對方改變行為的語氣。父母真正想告訴孩子的，應該是「我很擔心你遇到危險」、「你對我來說比什麼都重要」、「希望你不要到晚上都不回家，或是到一些容易被捲入犯罪行為的地方」。根據對方的言行，坦率的告訴對方自己的感受，希望對方可以理解，孩子也會比較容易接收到父母想說的內容。

不要責備孩子的言行，要冷靜的告訴孩子，自己對於他們的言行有何感受，希望他們怎麼做。

在孩子說謊的時候也是，與其對他們說：「不要說謊！」、「說謊是壞孩

實例 9

子的行為！」不如告訴他們：「我很難過，因為你沒對我說實話」、「我對你失去信任了。」孩子更有可能主動思考，並改變自己的行為。重點在於，要用「我訊息」來傳達，而且不要否定孩子自身的性格和存在，而是要對孩子說些會對他們的行為帶來影響的話。

當然，除了言語上的表達方式外，表情和肢體語言等「非語言溝通」，也是重要的溝通方式。因此，當父母在內心充斥負面情緒的情況下，試圖對孩子說些什麼時，就算是用「我訊息」來溝通，也會因為態度和語氣表現出憤怒等情緒，導致難以將想說的話傳達給對方。

也就是說，相較於語言本身，人們更容易接收來自於表情和態度的訊息，所以在感到滿腔怒火時，應該要先冷靜下來，再開口說話。另外，一致性能增加可信度，因此，言語和態度要有一致性，昨天的話和今天的話也要有一致性，才能更順利的把想說的話傳達給對方，並獲得信賴。

實例 10

房間沒收拾好，到處都亂七八糟的時候

「為什麼都不整理好？」
「現在趕快去整理！」

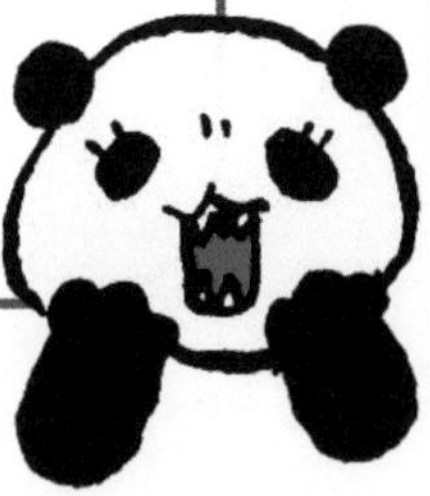

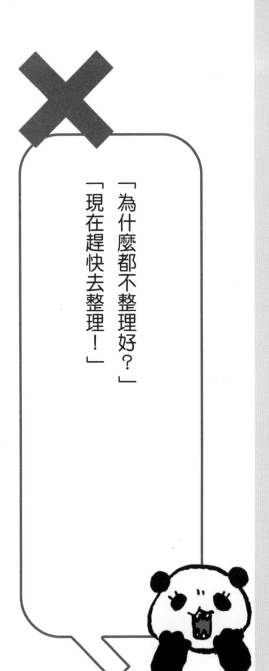

「哎呀，襪子掉出來了喔！」
「脫掉的上衣是吊在哪裡呢？」
「房間整理乾淨後，心情都變好了呢！」

解說

讓孩子回想起約定，而不是命令他們

相信有很多父母對於警告多次、還是遲遲不整理的孩子感到困擾。雖然我也可以理解，父母無意間發飆，對著孩子怒吼：「要說幾遍，你才會記住？」、「現在馬上去整理！」的心情，但就像之前所說的，這種情緒性的言行並不是很好的解決方式。

如果孩子理解家裡的規則，只要描述一下情況：「襪子掉出來了喔！」、「襪子脫掉後沒放到正確的位置喔！」通常孩子就會察覺到，並表示：「啊！對！」但如果都這麼說了，孩子依然沒意識到時，也不要用「去做……」的命令句，而是試著再次確認他們是否理解規則，例如：「我們是怎麼約定的呢？」

向孩子展現大人社會的規則和禮節，並讓他們習慣遵守這些規則的感覺，這也是大人作為協助者的重要工作之一。父母要如何督促，才能讓孩子具備社會常識呢？可將下列的「教養風格」作為參考。一般來說，「教養風格」就是父母養育孩子時的應對方式，主要可分為以下四種。

①民主型：最能夠健全培養孩子的能力和情感方面的教養方式。在日常生活中，會告知設立規則的理由，並設定必要的限制，同時也會完全尊重孩子的心情和想法。制定規則時，會和孩子一起討論，告訴他們如果違反規則會怎麼樣。屬於教導的類型，不會懲罰孩子。

②威權型：嚴格，缺乏溫度。不會告知理由，只會強迫孩子服從規則，如

實例 10

果不遵守，就會受到懲罰。這種方式教出來的孩子乍看下很順從，但其實會成為無法獨立思考的人，或是想要試圖控制他人的人。

③**放任型**：會溫暖的接受孩子，但並不嚴厲。接受孩子的情感和需求，但以孩子的心情為優先，不會設定限制。

④**疏離型**：不關心孩子的感受，也不會設定限制或規則，是最容易引起問題行為的教養類型。

根據報告可得知，威權型或疏離型的教養風格，會導致出現情感方面和社會方面的問題。此外，放任型雖然也會有好的影響，但對於孩子取得成就方面會產生負面的影響。

關鍵在於，要在尊重孩子的心情和想法，與要求孩子遵守規則之間，取得平衡。請仔細向孩子說明「為什麼需要設立規則」，而不是單方面強迫孩子遵守規則，或是在孩子違規時懲罰他們。與孩子一起制定規則，或是重新檢視規則內容，也能幫助他們產生身為家庭成員的責任感。

實例 11

看了電視和網路新聞後，不安的想著感染病毒該怎麼辦、發生地震該怎麼辦的時候

✕

「再怎麼擔心也沒有意義啦！」
「不會感染病毒的，不用擔心。」

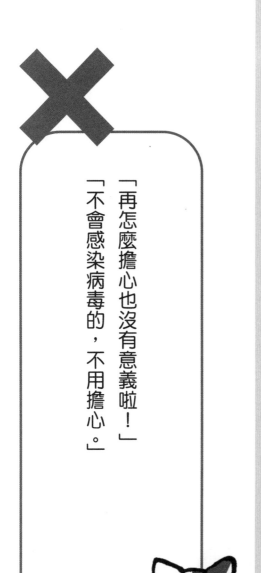

「如果感染病毒，我們就一起去醫院治療！」
「只要治療就會痊癒了，不用擔心。」
「你覺得很不安吧？」

解說

將不安的心情替換成鸚鵡

從西元二〇二〇年開始的COVID-19大流行，造成孩子的精神狀態變得很不穩定。有些孩子在看了好幾天的相關報導，或是知道自己居住的地區和就學的學校出現感染者後，內心會充斥著不安的心情和想法：「如果我感染了怎麼辦？」、「如果家人感染了，要怎麼辦？」

看到孩子擔憂的樣子，會很想對他們說：「不會感染病毒的，不用擔心。」但這種只是一時應付的話，並不能讓孩子的心情感到放鬆。

不只是流行病，當孩子對於自然災害等感到不安或擔憂時，在大人能夠做得到的反應中，有三個重點。

第一個重點是，先假設「事情真的發生了，該怎麼辦」，再與孩子進行交談。造成孩子不安的原因，在於未來的不確定性，例如「生病治不好怎麼辦」、「沒辦法和家人見面怎麼辦」、「不能上學的話要怎麼辦」等。因此，與孩子一起討論並確定「實際發生時，該怎麼辦」，就能幫助孩子放下心來。為了做到這點，建議制定能夠克服那個課題的計畫。將具體的決定用言語告訴孩子，像是「帶我去〇〇醫院治療」、「打電話給〇〇請他幫忙」等，孩子就能想像遇到緊急情況時該怎麼做，進而使內心平靜下來。

第二個重點是將孩子的想法和心情「外化」。當孩子感到不安時，告訴他們：「你的肩膀上，應該站著會讓人感到不安的擔憂鸚鵡吧！」並將第八十九頁介紹的負面看待方式的鸚鵡，當作不安的原因。父母要做的不是說孩子自己有什麼問題，而是以「一起馴服鸚鵡」的態度，詢問他：「你腦中的鸚鵡說了什麼話呢？」一旦將負面情緒與自己切割，並以「鸚鵡」的模樣取出，孩子就能切換成客觀、冷靜的態度，最後就會意識到要採取可以減輕不安的行動。

第三個重點是，**用言語告訴孩子，任何情感都不會永遠存在於心中**。或許詢問孩子：「你遇過什麼讓你生氣或不安一年甚至兩年的事情嗎？」也是不錯的方式。在反覆對孩子說這些話的過程中，就能幫助他們稍微冷靜下來。告訴孩子現在的不安不會永遠待在他的心中，總有一天一定會平靜下來，也有助於安撫孩子的情緒。

實例 12

不小心受傷，暫時無法進行最喜歡的運動時

「好可憐喔……」

「都已經受傷了也沒辦法，你就放棄吧！」

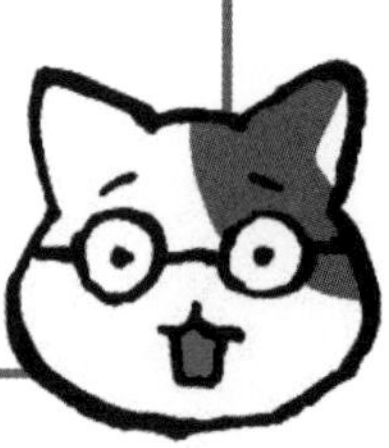

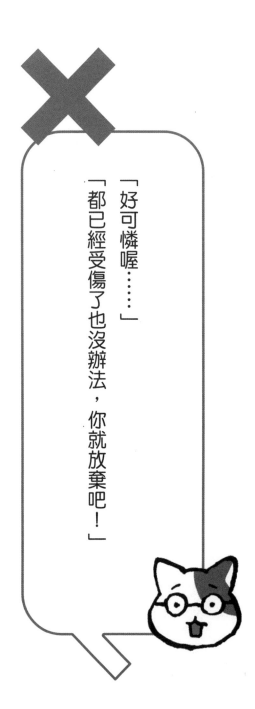

「真是艱難的情況，但你一定可以克服它！」

「還有這種治療方法，你要不要試試看？」

「下次還有機會。」

解說

提出帶有「希望」的話語

本來已經成為足球隊的正規球員、結果因為受傷不能參加比賽，在芭蕾舞發表會前腳不慎受傷等；過去有多努力，孩子就有多沮喪，甚至可能愈想愈覺得「已經無法回到從前那樣了」。

在這種時候，能夠恢復沮喪情緒的就是「希望」。

在心理學中認為，希望是情感的一種，同時也是看待事物的一種方式。

人們感受到希望的契機，在於「了解自己想要什麼，並且能夠為了達成目標，思考出一些方法的時候」及「想要為了達成目標而採取行動的時候」。父母可以利用談話，來創造出產生希望的契機。

調查能夠再次進行這項運動的方法，例如治療方式或復健等，並告訴孩子：「你看，有很多很好的治療方式，一起來試試看吧！」也是一種方法。當孩子產生「咦？真的嗎？那我想接受治療」的欲望時，內心也會湧現出希望。

同時，「我一定能做到」、「我要繼續努力」等意志會成為動力。父母用帶有希望的話語，像是「雖然可能沒辦法跟從前一樣，但只要接受治療，未來或許就能再次做到」，來取代孩子「我一輩子都無法再進行這項運動了」的想法，就可以培養孩子採取行動的能力。

為了朝目標前進，創造出好幾條可行的道路，是非常重要的事。因為誰也不知

實例 12

道，哪一條道路對孩子來說才是最好的。

在人生中，有時會遇到進展不順利的事情，有時會發生自己最想實現的事沒能達成的情況。要接受這些挫折並不是件容易的事，但即使最佳的行動方案受阻，擁有希望的人也會試圖找出其他能達到目標的道路。

有時我們不得不選擇第二好的選項，放棄最佳的選擇。不過，只要有第二好的選擇，就會帶來希望。

在遇到這種艱難的情況時，請各位務必和孩子一起思考帶有希望的道路。即便不是最好的，而是「第二好的選項」，也要繼續抱持著人生能夠繼續前進的希望，如此一來，就能幫助孩子培養心理彈性的能力。

實例 **13**

畫出很棒的圖畫、在運動活動中表現活躍、考試得滿分等，達成某個目標的時候

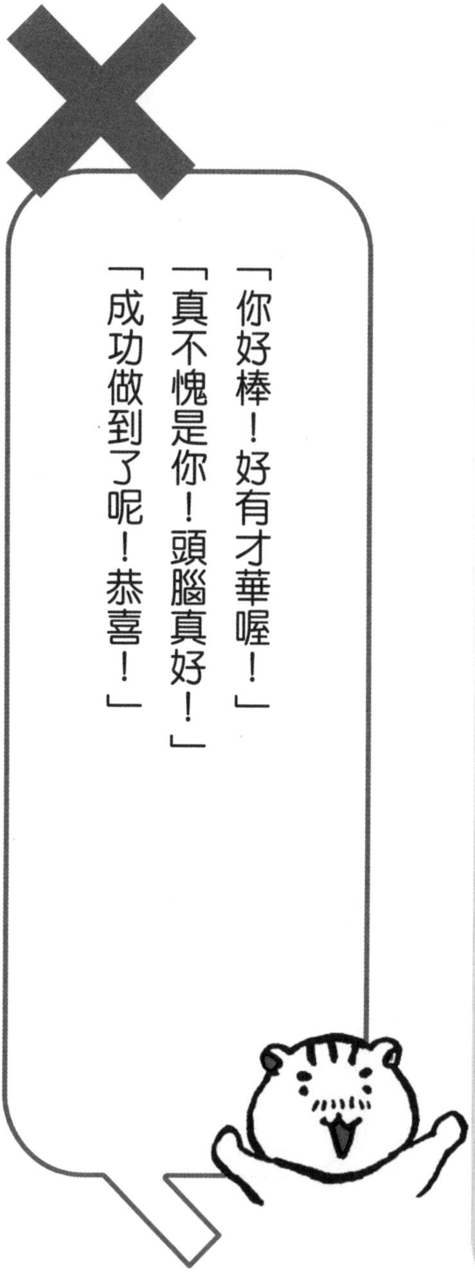
「你好棒！好有才華喔！」
「真不愧是你！頭腦真好！」
「成功做到了呢！恭喜！」

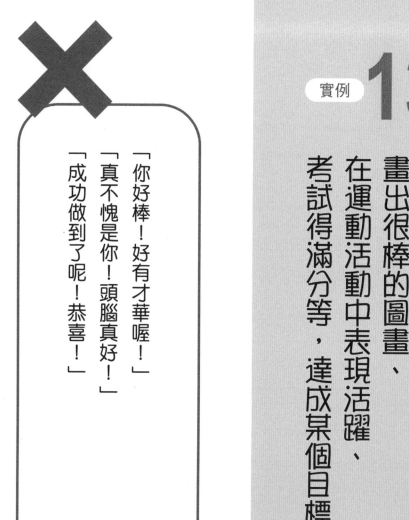

「你用了很多顏色呢！我喜歡你搭配的顏色。」
「畢竟你腳踏實地，按照計畫學習了呀！」
「因為你每天都堅持不懈的努力啊！」

解說

誇獎努力的過程和性格上的優勢

孩子從小時候開始，就會透過經驗來接收大人傳達的訊息，因此他們相信的事物、看待事物的方式，都是經由他人建構而成的，這就是之前所說的「思維模式」。事實上，在孩子順利完成某件事時，父母與他們的談話方式，會為思維模式帶來很大的影響。

稱讚孩子擁有的才能和能力，例如「你真聰明」、「你真有才華」，有時會向孩子傳達出「我是根據能力和才能在評斷你這個人」、「你在得到稱讚的那件事很有能力，但在其他方面沒有才能」的訊息。

也就是說，會培養出「與生俱來的才能和智力才有價值」的固定型思維模式。而且在才能受到表揚的環境下成長的孩子，因為希望自己完美做好的事情得到認可，所以他們會避免面對困難的問題或挑戰新的事物。當面臨困難的時候，他們還會認為「因為我沒有才能，就算付出努力，也沒辦法做好」。

順帶一提，「好棒喔！」、「你成功了呢！」這種含糊不清、不知道到底哪裡厲害的稱讚方式，有時會讓孩子感到不安，必須多加留意。

為了培養孩子相信自己的能力，並且覺得自己今後也會不斷成長的「成長型思維模式」，重要的是，要關注孩子的努力和努力的過程，稱讚他們的努力、非認知能力、方法，以及進步的部分。

此外，試著詢問孩子努力的過程中，有什麼順利或困難的部分，可以創造

實例 13

出機會，讓他們面對自己時，也能思考事情的過程，而不是結果；例如「什麼是有幫助的」、「最困難的部分是什麼」等。

發展成長型思維模式的訣竅，是將注意力放在產生結果的過程，而不是結果本身。如此一來，孩子就能理解自己應該要怎麼做，才能使事情順利的完成，進而正向的看待事物，同時也能培養出心理彈性。

除了稱讚過程外，更理想的做法是，告訴孩子他們在這個過程中，發揮了哪些性格上的優勢。如果談話時，也加上：「你堅持不懈的努力了呢！」、「你想到了一個好主意！非常有創意！」等，就能讓孩子的行動和性格同時受到肯定。

藉由稱讚過程指出「努力的重要性」，也就是性格上的優勢，有助於培養孩子內心的「真實自我」。

實例 14

孩子沉迷於某件事，並樂在其中時

「你到底要玩到什麼時候？作業做完了嗎？」

「那有什麼好玩的？都不會膩嗎！」

「看起來好好玩喔！可以跟你一起玩嗎？」

「剛剛很專心呢！心情覺得如何呢？」

「可以享受喜歡的事物是很棒的事喔！」

解說

說一些共享正向情緒的話語

假設各位突然注意到，孩子正全神貫注、認真的製作著什麼，或是愉快的沉浸在遊戲中。這時，身為父母的你們會怎麼做呢？一般的父母通常會覺得：「孩子看起來很開心的樣子，那我就安心去做別的事吧！」並將注意力轉向家事或工作上。

然而，這種時候其實正是增加正向情緒的機會！就如同我在第一章所說的，正向情緒是培養心理彈性、使新的能力開花結果的催化劑。為了讓孩子能夠細細品味正向情緒，父母要在這個時候給予大力的幫助。

當孩子正全神貫注的完成一項工作，也就是處於所謂的心流體驗狀態時，父母要靜靜的觀察他們，並在活動結束後對他們說：「剛剛很專心呢！心情覺得如何呢？」將快樂的事情告訴他人，有助於在孩子的心中產生更多的正向情緒。

在孩子玩得正開心、情緒十分激動高昂的時候，成為和他們一起享受快樂的夥伴，也是一個很好的方法。對孩子說：「可以讓我一起玩嗎？」分享他們的快樂，也有助於增加孩子的正向情緒，畢竟孩子最喜歡和爸爸、媽媽一起做快樂的事。

不是只有令人興奮的喜悦和興奮感，才能稱為正向情緒，感謝、平靜、興趣、自豪、希望和尊敬等，也都屬於正向情緒的範疇。

在正向心理學的大量研究中已經證實，正向情緒是對將來最好的投資。正

實例 14

向情緒帶來的好處，以及細細品味正向情緒的重要性，我已經在第一章進行詳細的說明，但在這裡我還是想要再次強調，正向情緒會加強孩子與身邊的人之間的羈絆，而且還能幫助他們克服逆境和困難。

但這並不表示我希望孩子總是保持樂觀、正向的態度。負面情緒和負面事件中其實也埋有寶藏。培養心理彈性就是要確實接受、理解負面情緒，並從中找出孩子擁有的寶藏所發出的光芒。

當他人完整的接受自己的負面情緒，孩子就能獲得從負面情緒中重新振作的力量，並學會更好的應對方法；而與大人一起感受正向情緒，還能加深彼此之間的羈絆。這兩者對於培養心理彈性來說，都是不可或缺的條件。

後記

在實際的生活和養育子女的過程中，有許多情況沒辦法如心裡所想的發展，或是如育兒書籍裡寫的一樣順利。

我在剛生下女兒後，也是如此。為了克服這種情況，我抱著對第一次育兒感到困惑、不安的心情，從頭到尾仔細的閱讀著育兒書籍。然而，有一次我偶然將注意力轉向孩子身上時，發現每天都在成長的女兒，人就在那裡，頓時頓悟「我應該關注的人就在這裡」。在這個瞬間，我再次意識到，觀察孩子並理解孩子想要傳達的事情，對增進彼此之間的羈絆有多重要。

要讓父母的聲音傳達到孩子的心中，關鍵在於要看到孩子的真實面貌。當然，沒有人是完美的，任何人都可能因為人生中的痛苦感到煩惱，或是對自己的選擇和應對沒有信心。擁有這樣的心情，並不表示各位是不合格的父母。培養孩子的內心能力，是一件既複雜又沒辦法用一般方法解決的事，而且隨著孩子的成長，課題也會跟著變化，毫無盡頭可言。

培養心靈的總是過程。請記住，這次的經驗必定會影響下一次的成長和意志強弱。為了讓各種事件化為成長的過程，如果各位能夠活用本書介紹的交談法，我會感到非常榮幸。

最後，我要向本書中介紹的所有研究人員、日本正向教育協會的夥伴，以及為我帶來許多寫作靈感、至今遇到的各位孩子和家長表示感謝。我也要感謝木村直子女士，她用細膩的言語表達出我的熱情，還有注意到利用交談可以培養心理彈性的編輯金澤、黑部，能夠與你們一起製作出這本書，我感到非常自豪。

然後我想對已故的父親說，您在去世前對我說：「我希望教妳人生中更重要的事情。」父親活著的樣子、生前的教誨，至今依然給予我生存的力量。

最後，請各位懷抱著希望，一起想像孩子在將來幸福生活的模樣……

西元二〇二一年三月

足立啟美

換個語氣這樣做：
教出高韌性堅強孩子的親子管教萬用句

作　　者　足立啓美
譯　　者　劉姍珊

總 編 輯　高伊姿
執行編輯　韓欣芸
行銷企劃　江柏萱、許雯惠
校　　對　郭乃禎、蔡欣蓉
美術設計　莊媁鈞
內頁排版　張雅惠

法律顧問　建業法律事務所
張少騰　律師
臺北市 110 信義區信義路五段 7 號 62 樓
（臺北 101 大樓）
電話：886-2-8101-1973
法律顧問　徐立信　律師

監　　製　漢湘文化事業股份有限公司
出 版 者　和平國際文化有限公司
地址：新北市 235 中和區建一路 176 號 12 樓之 1
電話：886-2-2226-3070 傳真：886-2-2226-0198

總 經 銷　昶景國際文化有限公司
地址：新北市 236 土城區復興街 11 號
電話：886-2-2269-6367 傳真：886-2-2269-0299
E-mail：service@168books.com.tw

初版一刷　2023 年 2 月
定　　價　依封面價格為準
香港總經銷　和平圖書有限公司
地址：香港柴灣嘉業街 12 號百樂門大廈 17 樓
電話：852-2804-6687 傳真：852-2804-6409

國家圖書館出版品預行編目（CIP）資料

換個語氣這樣做：教出高韌性堅強孩子的親子管教萬用句 / 足立啓美作；劉姍珊譯. -- 初版. -- 新北市：和平國際文化有限公司, 2023.01
面；　公分

ISBN 978-986-371-408-8(平裝)

528.21　　111018961

168閱讀網
www.168books.com.tw